넓고/ 깊고/ 느리게
사람아,
사랑아!

넓고/ 깊고/ 느리게

사랑아, 사랑아!

초판1쇄 인쇄 | 2016년 12월 5일
초판1쇄 발행 | 2016년 12월 16일

글 | 덕산 김덕권

발행인 | 김남석
발행처 | ㈜대원사
주 소 | 06342 서울시 강남구 양재대로 55길 37, 302
전 화 | (02)757-6711, 6717~9
팩시밀리 | (02)775-8043
등록번호 | 제3-191호
홈페이지 | http://www.daewonsa.co.kr

값 13,000원

Daewonsa Publishing Co., Ltd
Printed in Korea 2016

ISBN | 978-89-369-1990-0

국립중앙도서관 출판시 도서목록은 e-CIP홈페이지(http://www.nl.go.kr/ecip)에서
이용하실 수 있습니다. (CIP제어번호 : CIP2016029118)

넓고/ 깊고/ 느리게

사람아, 사랑아!

대원사

책을 펴내며

사람아, 사랑아!

『사람아, 사랑아!』는 2016년 〈덕화만발〉 카페에 실린 글을 고르고 추려서 세상에 나온 열한 번째 저의 졸저입니다. 제 딴에는 열심히 살아가는 모습과 세상을 향한 뜨거운 사랑을 나타낸 책이지만 돌이켜 생각해 보니 부끄럽기 한이 없네요. 왜냐하면 경륜도 부족하고 인격도 제대로 갖추지 못한 한 범부의 지나친 욕심처럼 여겨질까 저어하기 때문입니다.

사실은 30여 년 전 『진흙 속에 피는 꽃』을 시작으로 3년 전에 『그냥 피는 꽃은 없다』, 『사랑을 먹고 사는 영혼』, 『해탈의 노래』 등 세 권의 책을 마지막으로 더 이상 책을 출간하는 일은 끝내려 했습니다. 하지만 〈덕화만발〉 카페 가족들의 성심과 열성에 의해 부득이하게 또 한 차례 세상에 선을 보이게 되었습니다. 그러나 이왕 사양하지 못하고 나온 책이니 감사한 마음으로 영접을 해야지요.

이 책의 부제 '넓고 깊고 느리게'는 우리가 사는 세상을 향해 무언의 메시지를 전해 주고 있습니다. 복잡하고 다난한 일상 속에서 한눈팔지 않고 흔들림 없이 정도를 향해 살아가라는 명쾌한 답을 주는 것 같아 여간 반가운 것이 아닙니다. 또한 제목 '사람아, 사랑아!'는 한마디로 〈덕화만발〉 가족 모두의 마음을 모아 놓은 것 같은 느낌이 들어 잠시 가슴이 떨리기도 합니다.

세상이 온통 거짓과 불신으로 가득 찬 것 같아 보이지만 알고 보면 착하고 가슴 따뜻한 사람들이 더 많기에 희망을 향해 앞으로 더 나아가는 것입니다.

하나의 선(線)도 하나의 점(点)에서 시작되듯, 어느새 우리 〈덕화만발〉 카페 가족은 한 사람, 한 사람 인연이 되어 모여 이제 2천여 명을 향해 나아가고 있습니다. 보다 더 '맑고 밝고 훈훈한 세상'을 만들기 위해 스스로 참여한 〈덕화만발〉 가족들이 각자 주어진 삶 속에서 세상의 빛이 되고자 노력하는 모습, 정말 고맙고 감사할 따름입니다.

지난 7년간 저의 칠순잔치 때의 감격으로 시작한 〈덕화만발〉 카페의 활동이 이제 어느 정도 결실이 맺어지고 있어서 한없이 기쁩니다. 〈덕화만발〉이라는 저의 졸문이 매일같이 전 세계에 2만 명이 넘는 회원들에게 메일로 전달되고 있습니다. 그리고 5개사의 인터넷 신문에서 저의 졸문 〈덕화만발〉을 매일같이 올려 주셔서 세계인의 '덕화만발'이 되었습니다. 또한 《원불교신문》, 《천지일보》 등에서 「덕화만발」 전문을 실어 주시고 있습니다. 이 모두 얼마나 고맙고 감사한 일인지요.

이에 멈추지 않고 '맑고 밝고 훈훈한 세상'으로 나아가기 위하여 이번에 저의 졸저 『사람아, 사랑아!』 출간과 동시에 〈덕화만발〉 카페에 '덕화아카데미'를 창립하게 되었습니다.

'덕화아카데미'에서는 우선 '덕화아카데미' 원장이신 허주(虛周) 강영기의 '선화(禪畵)학과', 환단 김선희의 '3분 동영상', '3D학과', 청소년들을 위한 '청춘만발' 등의 학과를 개설합니다. 학과 개설은 전문성을 갖춘 교수와 필자들에 의해 '역사교실' 등등 시류에 맞게 계속 늘어날 것입니다.

그리고 이 모든 학과의 활동 상황을 '유튜브(YouTube)'에 올려 전 세계에 널리 전하려고 합니다. 특히 '헬 조선'을 외치는 이 땅의 청소년들을 '맑고 밝고 훈훈한 세상'의 품에 안기게 하고, 그들의 직업 선택과 창업의 길을 모색해 주려 합니다.

이를 위해 각 분야의 전문가들과 우리 〈덕화만발〉 가족 중 최고의 권위자들이 우선 교수로 참여하게 되었습니다. 이제 두려운 마음으로 첫걸음을 내딛는 '덕화아카데미'를 기필코 성공으로 이끌어야 하겠습니다. 그래야 일찍이 우리가 염원하는 '맑고 밝고 훈훈한 세상'이 곧 우리에게 다가오지 않을까요?

그런 의미에서 이번에 출간되는 저의 졸저 『사람아, 사랑아!』의 모든 수익금은 온전하게 '덕화아카데미'의 발전기금으로 쓰려 합니다. 이렇게 좋은 뜻에서 출범하는 '덕화아카데미'의 발전에 강호제현(江湖諸賢)과 독자들의 관심과 참여가 함께하면 얼마나 좋을까요!

이제 저의 건강이 여의치 않아 더 이상 책 발간은 어려울 것 같습니다. 저의 마지막 소원을 이루어 주시는 뜻으로 많은 분들이 도움을 주셨습니다. 특히 〈주식회사 월드와이드〉사의 김태호 사장과 저의 졸문을 아름답고 훌륭하게 출간해 주신 빛깔있는 책들로 유명한 〈대원사〉의 김남석 사장님에게 존경과 감사의 말씀을 올립니다. 독자 여러분의 건강과 행복을 진리 전에 기원합니다.

2016년 12월 德山齋에서 德權 합

차 례

넓고

깊고

느리게

사랑은 게으른 편안함이 아닙니다.
눈물범벅일지라도
상대를 통해 자신을 발견해가는
기나긴 여행이 사랑입니다.

넓고

덕화만발德華滿發

덕산 김덕권 에세이

자존심과 자존감

'자존심(自尊心)'은 남에게 굽히지 않고 스스로의 가치나 품위를 지키려는 마음입니다. 그리고 '자존감(自尊感)'은 자신을 존중하고 스스로를 사랑하는 마음이지요. 그런데 유난히 자존심이 강한 사람이 있습니다. 자존심을 넘어 독선에 가까운 사람을 만나면 가슴이 아픕니다. 조금만 자존심을 건드리면 다시는 보지 않을 것같이 길길이 날뜁니다. 자신의 자존심을 건드린 사람이 바로 자신의 거울인 줄을 모릅니다. 어쨌든 홀로 옳다는 독선은 버려야 합니다. 한 사람의 아집이 조직 분위기를 엉망으로 만듭니다. 그리고 개인의 독선이 자신을 무지하게 만들고 외롭게 하는 것인지를 모릅니다.

자존감이 높은 사람은 모든 원인과 결과를 '나'로부터 찾습니다. 그러나 자존심이 강한 사람은 원인과 결과를 '남'에게서 찾지요. 그래서 자존감이 높은 사람은 모든 잘못을 '내 탓'으로 돌리고, 원망할 일도 '감사'로 돌립니다. 하지만 자존심이 강한 사람은 모든 잘못을 '네 탓'으로 돌리고 감사할 일도 '원망'으로 돌립니다.

이와 같이 '자존심'과 '자존감'의 차이는 세상을 살아가는 데에 하늘과 땅의 차이를 보입니다. 왜냐하면 '자존심'은 타인이 나를 존중하고 받들어 주길 바라는 마음이고, '자존감'은 타인과 상관없이 내가 나 스스로를 존중하는 마음이기 때문입니다.

그런데 자존심이 강한 사람은 막상 자기는 자신을 존중하지 않습니다. 타인이 자신을 존중하길 바라는 마음에서 오는 괴리감 때문에 힘들어하고, 거기서 괜한 독선과 오기가 나타나 자신을 괴롭힙니다. 그리고 타인이 나를 높게 봐주길 바란다는 점에서 자기 자신은 스스로를 높게 보고 있지 않다는 것이 전제로 깔려 있습니다. 내가 생각하는 것보다 사람들한테 인정을 못 받는 느낌이 들기 때문에 다른 사람들이 나를 높게 봐주길 바라는 마음이 생기는 것입니다

어찌됐든 자존심의 가장 큰 특징은 그 모든 것의 잣대가 '남'이라는 것입니다. '남'이 나를 인정해 주고, 높게 봐주며 존중해 주기를 바라는 것이지요. 이렇게 타인의 평가에 휘둘리는 사람들은 항상 타인의 평가에 신경 쓰면서 자신을 고치려 하지 않고 중심을 잃고 비틀거립니다. 하지만 자존감은 다릅니다. 자존감은 모든 것의 잣대가 '자신'을 향하고 있어 남들이 뭐라고 하든, 남들이

날 어떻게 평가하든 나는 나를 존중하고 사랑하고 인정해 주는 것입니다. 다른 사람들에게 휘둘리지 않고 내 스스로가 나를 귀하게 아는 것이지요.

사실 대부분의 성공한 사람들은 자존감이 높은 경우가 많습니다. 이렇게 자존감이 높은 사람들의 특징은 다른 사람이 나에 대해 평가하는 것에 흔들리지 않고 오히려 더 자신감이 넘치고 당당해집니다. 그래서 이런 사람들은 남들이 아무리 칭송을 해도 자신의 기준에 만족하지 못하면 스스로 더 노력해야 한다고 느껴 더 발전할 수밖에 없습니다.

아무튼 가장 중요한 것은 결국 '내 자신'에게 집중하는 것입니다. '내 자신에 집중한다.'는 것은 다른 사람 소리를 듣지 않고 독선적이고 독불 장군처럼 된다는 것과는 전혀 다른 것입니다. 내가 하는 일과 내가 하려는 일에 집중할 뿐이라는 이야기지요.

그런데 자존심만 센 사람들은 오히려 타인의 부정적인 평가에 대해 더 적극적으로 자신을 방어하려고 합니다. 나는 그런 사람이 아니라고 사람들한테 인식시키려 듭니다. 언제나 나를 바꾸는 것이 아니고 항상 타인을 바꾸려고 노력해서 자신은 물론 주변 사람들도 힘들어지게 합니다. 그래서 인생이 더 고달프게 되는 것입니다. 그러나 자존감이 강한 사람은 어떤 문제에 부딪혔을 때, 타인을 바꾸려 하지 않습니다. 남을 바꾸기보다 자신을 돌아보고 자기를 바꾸려고 하지요.

그러면 '자존감'을 높이는 방법은 무엇일까요?

첫째, 스스로 멋진 사람이 되는 것입니다. 내 스스로 멋진 사람이 될 수 있도록 빛날 수 있는 무엇인가를 하는 것이지요.

둘째, 남과 비교하지 않는 것입니다. 사람들은 때때로 자기가 가진 것의 소중함은 잊은 채 남의 것을 한없이 부러워합니다. 우리가 사는 세상은 다양성으로 가득하며, 이것은 곧 세상을 사는 재미이기도 하지요.

셋째, 남의 기대감에 충실하지 않는 것입니다. 자존감이 높아지려면 주변 사람이 아닌 내 마음속 목소리를 들어야 합니다. 나 자신을 믿고 내가 원하는 것에 대한 기대감을 충족시켜 주는 것이 현명하지요.

넷째, 둥글둥글해지는 것입니다. 자존심만 내세워서는 남과 싸우게 됩니다. 싫은 소리는 흘려버리고 좋은 소리만 듣는 습관을 들이면서 마음을 튼튼하게 하며 자신감을 갖는 것도 좋은 방법입니다.

다섯째, 모험을 하는 것입니다. 지금에 안주해 버리면 더 이상의 새로운 모습을 보일 수 없습니다. 항상 반짝이는 눈빛과 활기 넘치는 에너지를 뿜는 사람이 되고 싶다면 자신에게 자극을 주는 것이 좋습니다.

여섯째, 쉽게 화내지 않는 것입니다. 화가 날 때는 한 번 멈추는 것입니다. 한 번 멈추는 것이 바른 것입니다. '一 + 止 = 正'이지요. 그리고 긴 호흡을 하며 자신을 뒤돌아봅니다. 슬그머니 화는 가라앉게 되지요.

일곱째, 긍정적으로 생각하는 것입니다. 부정적인 사고로는 지금 있는 자리에서 한 발짝도 떼기 어렵습니다. 공부와 사업에 긍정적이고 적극적이며, 정열적으로 뛰는 것입니다.

그렇습니다. 우리가 지금까지 세워 오던 자존심을 버리면 우리에게 많은 사람들이 다가옵니다. 그럼 사람들과 편안한 관계를 유지할 수 있습니다. 자존심과 자존감은 하늘과 땅의 차이입니다. 우리, 자존심을 버리고 자존감을 키워 가는 사람이 되면 어떨까요?

그럴 수도 있겠지

남에게 상처 주는 말을 잘하는 사람이 있습니다. 그런 사람을 대하면 심기가 여간 불편한 것이 아닙니다. 대개 그런 사람을 가만히 살펴보면 본인이 불행해서 그런 경우가 많습니다. 자라온 성장 배경이나 지금 처한 상황이 불행하니 나오는 말도 아프고 가시가 돋쳐 있는 것이라는 생각이 듭니다.

그런 사람을 만나면 어찌하면 좋을까요? 그럴 때면 저는 '몰라서 그럴 거야!', '그럴 수도 있겠지.' 하고 넘어갑니다. 그러려면 남을 이해하듯이 나를 이해해야 합니다. 스스로 자신을 깊게 이해하면 이를 인정하게 되는 것이지요. 결코 완벽한 사람은 없습니다. 변화하고 싶으면 내가 인정하기 싫었던 것을 인정하고, 그러고 나면 내 마음이 자유로워집니다.

내가 나를 사랑하기 시작하면 세상도 나를 사랑하기 시작합니다. 그럼 스스로 행복할 수 있습니다. 정말로 원하는 것을 못 하면 행복할 수 없습니다. 나를 사랑하는 방법은, 남들이 나를 어떻게 생각하는가를 멈추는 것입니다. 그리고 내가 원하는 것과 남들이 원하는 것을 찾아서 스스로 할 수 있는 용기가 필요합니다. 내가 중심에 서서 줏대를 갖추고 밀고 나갈 때 그게 행복입니다.

열등감을 들여다보면 어렸을 때 누군가 열등감에 쌓인 사람이 그냥 툭툭 던진 얘기에서 비롯된 것이 많습니다. 말로써 입은 상처는 말로 상쇄해야 합니다. 나는 사랑받기 위해 태어난 존재입니다. '나라면 할 수 있어.', '나만의 빛깔로 세상을 밝힐 거야.' 자꾸 이런 식으로 스스로에게 주문을 걸어야 열등감을 극복할 수 있는 것입니다.

타인을 향한 비난은 비난하고 있는 사람 자신의 열등감과 연결되어 있는 경우가 많습니다. 또 비난하는 사람의 불행과 심리 상태가 그대로 드러나 있습니다. 그래서 가끔은 남을 비난하는 사람이 오히려 애처롭게 보일 때가 있습니다. 그래서 그런 사람을 탓하기보다는 우리는 '몰라서 그랬겠지.', '그럴 수도 있을 거야.' 하고 마음을 돌리면 아무 문제도 생기지 않는 것입니다.

옛날에 어느 늙은 부부가 딸 하나를 애지중지 길러서 부잣집으로 시집을 보냈습니다. 그리고 오랜만에, 그러니까 딸이 그 집안 살림을 주관하게 된 뒤에야 아버지가 딸을 보러 갔습니다.

영감을 딸의 집에 보낸 마누라는 모처럼 찾아간 제 아버지를 부자로 사는 딸이 잘 대접해 보내겠거니 하는 은근한 기대를 걸고 있었지요. 그러나 며칠 만에 딸의 집에서 돌아온 영감의 표정은 시무룩했습니다. 흐뭇한 기색으로 돌아올 줄 알았던 영감의 표정을 보고 마누라는 조심스럽게 무슨 언짢은 일이 있느냐고 물었습니다. 그러자 영감은 이에 대한 대답이 없었지요. 다시 기색을 살피면서 부자 딸네 집에 가서 대접은 잘 받고 왔느냐고 농담 비슷하게 물었습니다. 그런데 이 말을 들은 영감은 퉁명스럽게 "먹을 것이 있어야 잘 먹지." 하고 소리를 버럭 지르는 것입니다.

어머니는 딸이 괘씸했습니다. "모처럼 딸이 보고 싶어서 찾아간 친정아버지를 그렇게 푸대접하다니, 그것도 부자로 잘사는 딸이 그럴 수가 있느냐!"며 화가 났습니다. 언제고 딸을 만나면 호되게 꾸짖어야겠다고 별렀습니다. 그러다가 만날 때까지 기다릴 것이 아니라 당장 가서 혼을 내주리라고 생각한 어머니는 다음 날 일찌감치 딸의 집을 향해 걸음을 재촉했습니다.

딸이 반색을 하면서 맞이했으나 어머니는 얼굴을 펴지 않았습니다. 그러면서 다짜고짜로, "부자로 산다는 딸년이 친정아버지를 그렇게 푸대접할 수가 있느냐?" 하고 다그쳤습니다.

난데없이 어머니에게 날벼락을 맞은 딸은 어처구니가 없었습니다. 실은 모처럼 오신 친정아버지를 위해 온갖 정성을 다 기울였던 것입니다. 갈비를 굽고, 닭을 잡아 볶고, 어쨌든 아버지를 위해 돈을 아끼지 않고 좋은 음식을 장만해 대접했던 것이지요. 그랬건만 아버지는 끼니때마다 못마땅한 표정을 짓더니, 집에 가셔서 어머니에게 무어라고 하셨기에 이 야단인가 싶어 억울했습니다.

딸에게서 그 동안의 사정을 들은 어머니는 딸에게 품었던 노여움은 봄바람에 눈 녹듯이 사라지고, 이제 슬그머니 영감에 대해 밉살스러운 생각이 들기 시작했지요. 어쩌면 그렇게 융숭한 대접을 받고도 저녁 굶은 시어미상을 짓고 돌아와서는 그렇게 화를 낼 수가 있느냐고, 집에 가서 따져 보리라고 마음먹었습니다.

집으로 돌아온 어머니는 영감에게 딸에게서 들은 이야기를 다 하면서 어쩌면 그럴 수가 있느냐고 대들었습니다. 그런데 영감의 대답은 딴판이었지요.

"밥상에 나 먹을 것이 어디 있었어! 두부가 있나, 묵이 있나. 닭도 많이 기르더만, 달걀 하나를 쪄 놓았나. 그까짓 갈비구이며 닭볶음이 내게 무슨 소용이란 말이여."

영감의 이런 퉁명스런 대답을 듣고 나서야 마누라는 영감의 이가 부실해서 집에서도 죽이나 국물을 떠먹으면서 지냈다는 사실을 새삼 깨닫고는 스스로 부끄러워서 말문이 막혔다는 이야기입니다.

"남의 염병이 내 고뿔만 못하다."라는 속담도 있습니다. 딸이 오랜만에 찾아온 아버지를 잘 대접해서 기쁘게 해 드리겠다는 정성은 지극했으나 그것은 자기만의 생각이었지 아버지의 건강은 전혀 고려한 바 없는 처사였습니다. 딸이 좀 더 현명했더라면 늙은 아버지의 치아를 생각했을 것이고, 그랬더라면 치과의가 없던 시절이니 의치를 해 드릴 수는 없었다 하더라도 아버지의 경우에 맞는 음식을 대접했을 것 아닌가요?

요즈음 제가 어금니가 아파 무척 고생을 하고 있습니다. 치과에서 이를 뽑기로 하고, 치료를 받고 있지요. 그러니 음식을 제대로 먹을 수가 없습니다. 그런데 저의 둘째 딸애가 제대로 먹지 못하는 저를 위하여 연하고 부드러운 최고급 한우고기를 사 가지고 온 것입니다. 이를 고마워야 할까요, 탓해야 할까요? 아버지를 위하는 효심에 역지사지(易地思之)를 더했다면 비용을 훨씬 덜 들이고도 저를 더 기쁘게 했을 것입니다.

나이 들어 이제는 조금 무뎌졌습니다. 조금 더 너그러워질 수 있으며, 조금 더 기다릴 수 있습니다. 이젠 그런 사람을 보면 '사람이 그럴 수도 있지.' 하고 마음을 돌릴 수도 있습니다. 또 '내가 틀릴 수도 있다.'고 문득문득 생각하게 됩니다. 우리 둘째 아이가 자기 자식에게도 잘 먹이지 않는 그 비싼 한우고기 위에 '효심(孝心)'만 반짝이네요!

인생은 거래와 여수다

'거래여수(去來與受)'라는 말이 있습니다. 오고 가거나 주고받는 것을 이름이지요. 곧 인생은 '거래(去來)이고 여수(與受)'라는 것입니다. 이를 한 마디로 '인과(因果)'라고 합니다.

일찍이 소태산(少太山) 부처님께서는 "우주의 진리는 원래 생멸(生滅)이 없이 길이 돌고 도는지라, 가는 것이 곧 오는 것이 되고 오는 것이 곧 가는 것이 되며, 주는 사람이 곧 받는 사람이 되고 받는 사람이 곧 주는 사람이 되나니, 이것이 만고에 변함이 없는 상도(常道)니라." 하셨습니다.

그럼 '인과'는 어떻게 생겨나는 것일까요? 천지에 사시순환(四時循環)하는 이치 따라 만물에 생로병사의 변화가 일어납니다. 그리고 우주에 음양상승(陰陽相乘)하는 도(道)를 따라 인간에 선악인과의 보응(報應)이 있게 되는 것이지요. 그래서 겨울은 '음(陰)'

이 성할 때이나 '음' 가운데 '양(陽)'이 포함되어 있으므로 '양'이 차차 힘을 얻어 마침내 봄이 되고 여름이 됩니다. 마찬가지로 여름은 '양'이 성할 때이나 '양' 가운데 '음'이 포함되어 있으므로 '음'이 차차 힘을 얻어 마침내 가을이 되고 겨울이 되는 것입니다. 이와 같은 이치로 인간의 일도 또한 '강(强)'과 '약(弱)'이 서로 관계하고 '선'과 '악'의 짓는 바에 따라 진급(進級)과 강급(降級), 상생(相生)과 상극(相剋)의 과보(果報)가 있게 되는 것이지요. 이것이 곧 '인과보응(因果報應)'의 원리입니다.

우리 인간은 혼자가 아니라 다른 누군가와 함께 더불어 살 때 더 큰 위로를 받고 생기를 회복하게 됩니다. 그러니까 인과의 원리에 따라 만일 지금 고독하다면 주어진 고독을 탓하는 것은 이제 그만두는 것입니다. 그리고 잠시 주위를 돌아보며 우리처럼 친구가 필요한 다른 누군가와 함께 주고 또 받으면서 인생을 살아가면 인생이 결코 외롭지는 않을 것입니다.

이와 같이 인간은 여수거래적인 존재입니다. 산다는 것은 서로 주고받는 것이지요. 우리는 날마다 인사를 주고받고, 정을 주고받고, 돈을 주고받고, 지식과 정보의 도움을 서로 주고받으면서 살아갑니다. 서로 주고받는 여수의 행위를 떠나서 인간은 살 수 없는 것입니다. 그러므로 인생은 주고받는 데 기쁨이 있고, 행복이 있으며, 살아가는 의미가 있는 것입니다.

원불교의 『대산종사법어』 「적공편」에 이런 법문이 나옵니다.

'음(陰)' 가운데 '양(陽)'이 생기고 '양' 가운데 '음'이 생기는 것이 진리의 조화라, 진리는 뺏으려면 반드시 주는 법이니 줄 때 조심해서 잘 받고 빼앗길 때 조심해서 잘 빼앗겨야 잘 받을 수 있느니라.

사람의 일생은 주고받고 오고 가는 가운데 선업(善業)을 짓기도 하고, 선연(善緣)을 맺기도 합니다. 그러니까 주고 난 다음에 받지 못한다고 섭섭해하면 도리어 악연이 되기도 하며, 가고 난 다음에 지난 일에 집착하면 앞길이 막히기도 한다는 얘기인 것입니다. 주고받음이 분명해야 합니다. 그러나 인간관계에서는 조금 손해 보는 것이 좋습니다.

소태산 부처님께서 진·강급(進降級)에 대해서 이렇게 말씀하셨습니다.

"진급기에 있는 사람은 어떠한가? 그 심성이 온유 선량하여 여러 사람에게 해를 끼치지 아니하고, 대하는 사람마다 잘 화(和)하며, 늘 하심(下心)을 주장하여 남을 높이는 사람이다. 강급기에 있는 사람은 어떠한가? 특히 인과의 진리를 믿지 않고, 수행에 노력이 없는 사람은 강급할 사람이다."

그럼 그 진급과 강급의 예는 어떠한 것이 있을까요? 먼저 강급에 관한 이야기를 해 보면 좋겠습니다.

남원 지리산에는 '실상사(實相寺)'라는 절이 있습니다. 실상사는 역사상 최초의 절 중 하나지요. 신라 홍덕왕 3년(828)에 '증각대사'

가 창건한 절입니다. 그 후에 절을 다시 짓고자 불상(佛像)을 헐었을 때, 그 속에는 이런 이야기가 적힌 한 권의 책이 나왔습니다.

지리산 산골짜기에 '이무기'라는 괴상한 짐승이 백 몇십 년을 살고 있었다. 나무꾼들이 오고 가면서 돌덩어리를 던지니 항상 피를 흘렸다. 그러다가 마을 사람들은 의심이 생겨서 실상사 큰스님에게 물으니, 이렇게 말씀하셨다.

"그 짐승은 전생에 절 앞에 살았던 기생이었다. 그 기생은 색(色)으로 뭇사람을 괴롭혔으며, 특히 그 절의 스님들을 모조리 파계(破戒)시켰고, 절 재산까지 탕진시켰다. 그 기생은 그 과보로 말년에는 문둥병으로 처참하게 죽었을 뿐만 아니라, 금생에는 저 '이무기'라는 짐승 몸을 받은 것이다. 앞으로 수백 생의 과보를 더 받아야 할 것이다. 지금 나무꾼들은 그때 파계당한 스님들이다."

왜 그런 '이무기'라는 과보를 받았을까요? 기생이 인과의 진리를 믿지 않아서 엄청난 강급을 당한 것입니다. 만일에 기생이 인과를 믿었다면 진급할 것은 당연한 일이었을 것입니다. 그럼 반대로 진급의 빠른 길은 무엇일까요? 인과를 믿고 실천하는 것입니다.

남을 행복하게 해주는 사람이 있었습니다. 사람 앞에 서기만 하면 말도 제대로 하지 못하고 얼굴이 홍당무가 되는, 부끄러움과 수줍음을 잘 타는 소년이 있었습니다. 이런 소심하고 내성적인 성격 때문에 그는 친구도 없고 남의 집에도 가지 못하고 늘 외롭게 지냈습니다. 그는 '이렇게 소심하게 살면서 평생을 나약하게 보낼 수는 없다.'고 생각했습니다. 한 번뿐인 인생을 스스로 만들어 나가지 않으면 안 된다는 데까지 생각이 미치자 과감하게 자신을 알리기로 결심했습니다. 먼저 만나는 사람에게 미소를 머금고 인사부터 하고는 상대편을 칭찬하기 시작했습니다. "당신은 멋있는 분이군요.", "참 아름답게 보입니다." 이런 말에 그를 만나는 사람마다 행복해했고, 좋아했습니다. 마침내 그는 모든 사람들에게 칭송을 받는 적극적인 사람으로 변모되었습니다. 그가 바로 사람을 감동시키는 영국의 달변가요, 시인이요, 극작가인 '조지 버나드 쇼(George Bernard Shaw)'입니다. 이렇게 남을 행복하게 해주면 자신이 달라지는 것이지요.

노력한 만큼 결과를 기다리는 정신이 사람답게 사는 길이라고 생각합니다. 우리의 능력대로 인간관계에 활용하여 이웃과 인류에게 공헌하는 사람이 되면 그것이 곧 거래이고 여수가 아닐까요?

어떻습니까? 남에게 은의(恩義)로 준 것은 은의로 받게 되고, 악의(惡意)로 빼앗은 것은 악의로 빼앗기게 됩니다. 상대편의 진·강급 여하에 따라서 그 보응이 몇만 배 더할 수도 있고, 몇만 배 줄어들 수도 있습니다. 인생은 거래이고 여수입니다. 오고 가고 주고 받는 인과의 이치, 이제 확연히 깨치셨는지요?

사랑 이야기 '하피첩'

다산(茶山) 정약용(丁若鏞 : 1762~1836)의 〈하피첩(霞帔帖)〉 전시회를 지난 여름 국립민속박물관에서 개최한 바가 있습니다. 평소 서화(書畵)에 관심이 많아 한달음에 달려가고 싶었으나 다리가 부실하여 가 보지를 못했습니다. 그래서 다산의 〈하피첩〉에 얽힌 사연을 더듬어 보는 것으로 문화의 향기에 대한 갈증을 풀어봅니다.

다산은 한때 천주교를 믿었던 죄로 1801년 40세에 전남 강진으로 귀양을 갑니다. 경기도 양수리 마재에 남았던 아내 홍씨는 남편 귀양 10년째 되는 해에 자기가 시집올 때 입었던 치마를 남편에게 보냅니다. 남편에 대한 그리움, 홀로 떨어져 고생하는 남편을 애틋해하는 마음을 신혼 시절 색 바랜 다홍치마에 담은 것이지요.

그 치마는 아내의 일편단심 '사랑의 징표'였을 것입니다. 다산은 그 치마에 두 아들 학연(學淵)과 학유(學遊)에게 전하고픈 당부의 말을 적었습니다. 그리고 부인의 치마를 아름답게 표현하여 '하피첩'이라 이름을 지었습니다. 제작 연대는 경오년 즉, 1810년(순조 10) 7월과 9월로, 그의 나이 49세 때였다고 합니다. 〈하피첩〉은 원래 네 첩이었으나 현재는 세 첩만 남았습니다. 그 〈하피첩〉의 서문은 다음과 같습니다.

내가 강진에서 귀양살이하고 있을 적에 병든 아내가 낡은 치마 다섯 폭을 보내왔다. 그것은 시집올 때의 훈염(纁袡, 예복)으로, 붉은빛은 흐려지고 노란빛은 옅어져 글씨 쓰는 바탕으로 알맞았다. 이것을 잘라서 조그만 첩(帖)을 만들고, 손이 가는 대로 훈계하는 말을 써서 두 아이에게 준 것이다. 훗날 이 글을 보고 감회를 일으켜 두 어버이의 흔적과 손때를 생각한다면 틀림없이 그리는 감정이 뭉클하게 일어날 것이다. 이것을 홍군(紅裙)이라고 한 것이다.

— 가경(嘉慶) 경오년(1810년, 순조 10) 7월에 다산(茶山)의 동암(東菴)에서 쓰다.

'하피첩(霞帔帖)'의 '하(霞)'는 '석양의 붉은 노을', '피(帔)'는 '치마(裙子)', '첩(帖)'은 '소책자'란 뜻입니다. 〈하피첩〉에는 선비가 가져야 할 마음가짐, 남에게 베푸는 삶의 가치, 삶을 넉넉하게 하고 가난을 구제하는 방법 등 자손에게 이야기해 주고 싶은 삶의 가치관이 담겨 있습니다. 그 내용 중 백미가 되는 부분은 두 아들에게 보낸 내용입니다.

병든 아내가 해진 치마를 보내왔네(病妻寄敝裙)
천리 먼 길 애틋한 정을 담았네(千里託心素).
흘러간 세월에 붉은빛 다 바래서(歲久紅己褪)
만년에 서글픔을 가눌 수 없구나(悵然念衰暮).
마름질로 작은 서첩을 만들어(裁成小書帖)
아들을 일깨우는 글을 적으니(聊寫戒子句)
부디 어버이 마음 잘 헤아려(庶幾念二親)
평생토록 가슴에 새기려무나(終身鐫肺腑).

어떻습니까? 얼마나 애틋한 부부애(夫婦愛)이고 자식 사랑인가요? 다산은 여생을 보냈던 '여유당(與猶堂)'에서 혼인 60주년을 맞는 그날 아침, 조용히 눈을 감았습니다. 다산은 자신의 죽음을 예견이라도 한 듯 회혼일(回婚日)을 3일 앞두고 결혼 60주년을 기념하는 시 한 편을 지었는데, 이것이 바로 그의 유언이자 일생을 정리한 마지막 글입니다.

육십 년 풍상의 바퀴 순식간에 흘러갔는데
복사꽃 화사한 봄빛은 신혼시절 같구려
생리사별은 인간의 늙음을 재촉하건만
슬픔 짧고 기쁨 길어 임금님 은혜에 감사하네.
그 옛날의 하피에 먹 흔적이 아직 남았는데

쪼개졌다 합한 것은 우리 모습이니

표주박 한 쌍을 자식에게 물려주네.

이 내용에는 옛날의 〈하피첩〉을 다시 떠올리고 있습니다. 수십 년 전 먹 흔적이 아직 살아 있다는 것이지요. 유배생활로 쪼개졌다 합한 다산 부부의 모습 같은 것을 "표주박 한 쌍"이라는 상형문자로, 그리고 그것을 자식에게 물려준다고 합니다. 가슴을 찡하게 하는 시가 아닌가요?

〈하피첩〉은 한국전쟁 때 분실되었다고 합니다. 그런데 2004년 수원의 한 건물주가 폐지 줍는 할머니의 물건이 비범해 보여 자신의 폐지와 교환해서 세상에 알려진 계기가 되었지요. 2006년, 건물주는 그걸 KBS TV 프로그램 〈진품명품〉에 들고 나와 진품 〈하피첩〉임을 감정받고 당시 1억 원 이상의 가치를 인정받았습니다.

그 후 〈하피첩〉은 또다시 행방이 묘연해졌다가 부산저축은행 전 대표에게 넘어갔다고 합니다. 그러나 2011년 전 대표가 파산하면서 예금보험공사가 그 〈하피첩〉을 압류했고, 2015년 9월 서울옥션 경매에 출품된 것을 국립민속박물관이 7억 5천만 원에 낙찰받아 소장하던 중 2015년 10월, 언론에 공개한 것입니다.

다산의 이 시에서 "지난 유배시절 임의 치마폭에 쓴 먹 흔적 남아 있네."라는 사연을 읽고, 애틋하고 눈물겨운 사랑 이야기에 눈시울이 붉어집니다. 요즈음에야 한나절거리도 안 되고 또 남녀 구별도 없는 세상이지만, 그 시절에 그것도 양반집 부인이 아무리 보고 싶다 한들 수백 리 귀양살이하는 남편에게 간다는 것은 상상도 못할 일이었을 것입니다. 18년이란 기나긴 세월 동안 생이별한 다산 부부의 애절한 사랑 이야기에 어찌 가슴이 찡하지 않겠습니까? 다산의 일생은 고통의 연속이었고, 그가 살아온 나날은 질곡의 연속이었습니다. 그러나 〈하피첩〉이 수백 년이 지난 지금도 '다산학(茶山學)'이라는 학문으로 연구되고 보물로 남아 지금까지 사람들의 심금을 울리고 있는 것을 보면 다산 부부의 사랑 이야기는 영겁을 흐르고 있는 것 같습니다.

어떻습니까? 행복하게 해주겠다는 것이 사랑이 아닙니다. 행복은 삶을 대하는 태도이며 스스로 선택하는 것입니다. 사랑이란 이와 같이 진실하고도 사려 깊은 배려입니다. 우울할 때 삶의 의미를 되새겨 주고, 외로울 때 애써 삶의 희망을 비춰 주며, 가난할 때 필요한 것은 '용기'라는 사실을 알려 주는 것이 사랑입니다. 사랑은 게으른 편안함이 아닙니다. 눈물범벅일지라도 상대를 통해 자신을 발견해가는 기나긴 여행이 사랑입니다. 사랑이 익으면 편안함은 자연히 찾아옵니다. 우리, 다산과 같은 부부애로 〈하피첩〉은 남기지 못하더라도 맑고 밝고 훈훈하게 자취를 남기며 인생의 마지막을 편안히 보내면 어떨까요?

외모와 낭패

우리는 흔히 막노동하는 직업을 가진 사람이라고 해서, 혹은 차림새가 조금 초라하다거나 몸에 걸친 의복이 다소 남루하다고 해서 사람을 낮춰 보는 우(愚)를 범하기 쉽습니다. 외모로 사람을 판단하면 낭패(狼狽)를 당하는 경우가 많지요.

'낭패'라는 말은 일상생활 중에 자주 쓰이는 말의 하나입니다. 어떤 일을 도모했을 때 잘 풀리지 않아 처지가 고약하게 꼬이는 경우에 사용하지요. 그런데 '낭'이나 '패'의 글자를 보면 한결같이 '개 사슴록(犬)' 변으로 이루어진 것을 봅니다. 한자에서 '犬' 변이 들어 있는 글자는 모두 동물이거나 또는 동물의 특성을 함축한 글자로 되어 있습니다. 예를 들면 '여우 호(狐)', '개 구(狗)', '살쾡이 리(狸)', '돼지 저(猪)', '고양이 묘(猫)' 등등이지요. 물론 '낭(狼)'과 '패(狽)'도 마찬가지입니다. 그런데 이 '낭패'는 전설상의 동물이라고 합니다. '낭(狼)'은 태어날 때부터 뒷다리 두 개가 없거나 아주 짧습니다. 그런가 하면 '패(狽)'는 앞다리 두 개가 없거나 짧지요. 그런 이유로 두 녀석이 함께 걸으려면 어지간히 사이가 좋지 않고서는 넘어지기 일쑤입니다. 그래서 마음대로 안 되면 아주 낭패인 것입니다.

그 낭패를 당한 이야기가 있습니다. '조지 워싱턴(George Washington, 1732~1799)'이 군대에서 제대하고 민간인의 신분으로 있던 어느 여름날이었습니다. 홍수가 범람하자 물 구경을 하러 나갔습니다. 물이 넘친 정도를 살펴보고 있는데, 육군 중령의 계급장을 단 군인 한 사람이 초로(初老)의 워싱턴에게 다가왔습니다.

"노인, 미안합니다만 제가 군화를 벗기가 어려워서 그런데요, 제가 이 냇물을 건널 수 있도록 저를 업어 건네주실 수 있을까요?"

"뭐, 그렇게 하시구려!"

이리하여 중령은 워싱턴의 등에 업혀 그 시냇물을 건너게 되었습니다.

"노인께서도 군대에 다녀오셨나요?"

"네, 다녀왔지요."

"사병이셨습니까?"

"장교였습니다."

"혹시 위관급이셨습니까?"

"조금 더 위였습니다."

"아니 그러면 소령이었나 보네요."

"조금 더 위였습니다."

"그럼 중령이셨군요."

"조금 더 위였습니다."

"아니 대령이셨단 말씀이십니까?"

"조금 더 위였습니다."

"아니 그럼 장군이셨네요."

중령이 당황해서 말했습니다.

"노인어른, 저를 여기서 내려 주세요."

"냇물을 건너기까지는 얼마 남지 않았소. 내가 업어 건네 드리리다."

"그럼 노인께서는 준장이셨습니까?"

"조금 더 위였습니다."

"혹시 중장이셨나요?"

"조금 더 위였습니다."

"그럼 최고의 계급인 대장이셨단 말씀이세요?"

"아니 조금 더 위였습니다."

이때 막 냇가를 다 건너게 되자 워싱턴이 중령을 바닥에 내려놓았습니다. 자신을 업어 준 노인을 물끄러미 바라보던 육군 중령은 그 텁수룩한 노인이 당시 미합중국의 유일한 오성장군(五星將軍)

이던 '조지 워싱턴'임을 알아보고 식은땀을 흘렸습니다. 얼마나 놀랐을까요? 그야말로 중령은 낭패를 맛본 것입니다.

또 외모로 사람을 평가하다가 낭패를 본 얘기가 하나 더 있습니다. 스탠포드 대학교의 설립 비사(秘史)지요. 빛바랜 줄무늬의 드레스를 입은 부인과 올이 다 드러나 보이는 허름한 홈스펀 양복을 입은 남편이 보스턴에서 기차를 내려 약속도 없이 하버드 대학교 총장의 사무실로 느릿느릿 걸어 들어갔습니다. 총장 비서는 이 사람들을 보자마자 이와 같은 시골 촌뜨기들이 하버드는 물론이고 케임브리지에서조차도 별 볼 일 없는 사람일 것이라는 생각이 들었습니다.

"총장님을 뵙고 싶습니다."

남자가 부드러운 어조로 말을 꺼냈습니다.

"총장님은 오늘 하루 종일 바쁘실 것입니다."

비서가 딱 잘라 거절을 한 것이지요.

"그러면 기다리겠습니다."

비서는 그 부부가 지쳐서 돌아가겠거니 하고 그들을 모르는 척하였지요. 그런데 그들이 지치질 않자, 비서는 당황하여 결국 총장에게 알리기로 하였습니다.

"총장님, 잠깐만 만나 주시면 곧 갈 것입니다."

그런 사람들과 일일이 시간을 낭비할 수 없었던 총장은 굳은 표정으로 위엄을 부리며 그들에게 다가갔습니다. 부인이 총장에게 말을 건넸습니다.

"우리에겐 하버드에 1년을 다닌 아들이 하나 있었는데, 그 애는 하버드를 대단히 사랑하였고, 무척 행복해했습니다. 그런데 약 1년 전에 사고로 세상을 떠났습니다. 그래서 제 남편과 저는 캠퍼스 내에 그 애를 위한 기념물을 하나 세웠으면 합니다."

총장은 감동하지 않고, 놀라움을 나타냈습니다.

"부인, 우리는 하버드에 다니다 죽은 사람 모두를 위해 동상을 세울 수는 없습니다. 그런다면 이곳은 아마 공동묘지같이 보이게 될 것입니다."

"아니에요, 총장님. 그게 아닙니다. 동상을 세우려는 것이 아닙니다. 우리는 하버드에 건물을 하나 기증하면 좋겠다는 생각을 하고 있었습니다."

총장은 눈을 굴리며 낡은 줄무늬 옷과 홈스펀 양복을 번갈아 보고 나서 소리를 높여 말을 하였습니다.

"건물이라고요? 건물 하나가 비용이 얼마나 드는지 알고나 하시는 말입니까? 현재 하버드에는 750만 달러가 넘는 건물들이 들어차 있습니다."

이 말을 들은 부인은 남편에게로 얼굴을 돌리고 조용히 말했습니다.

"대학교를 하나 설립하는 데 비용이 그것밖에 안 드는가 보죠? 그러지 말고 우리들의 대학교를 새로 하나 세우지 그래요?"

남편은 고개를 끄덕였습니다. 이 말을 들은 총장의 얼굴은 낭패와 당혹감으로 일그러졌습니다.

스탠포드 리랜드(Leland Stanford) 씨 내외는 바로 일어나 곧장 캘리포니아의 팔로 알토(Palo Alto)를 향한 여행을 떠났고, 아들을 기념하기 위해 자기들의 이름을 딴 스탠포드 대학교(Stanford Univ.)를 설립한 것입니다.

옷차림을 보고 사람을 평가하면 이와 같이 낭패를 보기 십상입니다. 사람을 외모로 평가하면 손재수(損財數)가 들 수 있습니다. 사람 위에 사람 없고 사람 밑에 사람 없는 법입니다. 누구를 대하든 우리는 겸손과 양보로 자신을 낮추고 살면 좋겠습니다.

저도 요즘 들어 허름한 개량한복을 입고 중절모에 지팡이를 짚고 다닙니다. 그리고 바보처럼 조금 손해를 보고 무조건 베풀며, 세상을 위해 맨발로 뛰려고 노력합니다. 도인에게는 도인의 풍모가 나타나게 마련입니다. 온유함, 부드러움, 따뜻함, 사랑스러움, 세상의 욕망에서 자유롭고 평안한 얼굴, 그것이 진리와 소통하는 진정한 도인의 모습이 아닐는지요!

사이비 종교

요즈음 '최순실 게이트'가 터지자 갑자기 사이비 종교(似而非宗教)에 대한 관심이 집중되고 있습니다. 우리도 그 사이비 종교에 관해 살펴보고, 최태민이 세운 '영세교(永世教)'의 정체에 대해서도 알아보면 좋겠습니다.

'사이비 종교' 또는 '유사 종교(類似宗教)'는 기성 종교와 비슷하지만 실제로는 다른 종교들을 구분하여 이르는 말입니다. '사이비'는, 문자 그대로의 의미는 '비슷해〔似〕 보이나〔而〕 그렇지 않다〔非〕'는 뜻입니다. 그러니까 겉으로는 그것과 같아 보이나 실제로는 전혀 다르거나 아닌 것을 말하는 것이지요. 따라서 사이비 종교는 '종교인 것 같아 보이나 종교가 아닌 것'을 의미합니다. 이런 뜻에서는, 사이비 종교에 해당하는 단체는 '깨달음을 표방하는 다르마 계통의 종교', '구원을 표방하는 아브라함 계통의 종교', '무위자연을 표방하는 도교' 혹은 '수기치인(修己治人)을 표방하는 유교' 등과 같은 종교적 본질을 표방하기는 하나 실제로는 추구하지 않는 종교 단체를 말합니다.

또 '이단(異端)'이라는 말이 있습니다. '이단'이라는 표현은 엄밀한 의미에서는 배타적인 시각에서 자신의 신앙과 일치하지 않는 다른 신앙, 종교 또는 종파를 의미합니다. 그러나 최근에는 '이단'과 '사이비'를 흔히 혼용하여 사용하기도 하지요. 이단의 경우 종교적·도덕적 기준에 따르나, 사이비는 종교적·도덕적 기준 이외에 법적 기준이 적용되기도 합니다. 그런데 우리나라에서 유사 종교란 말은 국법의 공인과는 관계없이 대중 사이에서 갑자기 퍼져나간 종교 집단들을 지칭하는 말로 흔히 쓰입니다. 그리하여 신흥종교와 구별 없이 사용되는 경우가 많습니다.

한국에서 '유사 종교'라는 말을 쓰게 된 것은 일제 강점기인 1919년에서 비롯됩니다. 그 당시의 문무성 종교국의 통첩으로 "신(神)·불(佛)·기(基)의 종파에 속하지 않고 종교 유사의 행위를 하는 자를 조사 통보하라."는 지시가 내렸습니다. 그들은 한국인의 종교를 조사 정리할 때 신·불·기에 속하지 않는 민족종교의 양상들을 일괄하여 '조선의 유사 종교'라고 불렀던 것입니다. 오늘날도 많은 사람들이 신·불·기를 제외한 신흥종교를 저급하고 열등시하려는 데서 '유사 종교'라는 말을 쓰는 경향이 있습니다.

'유사 종교'라는 말은 그 어휘에서 두 가지 개념을 찾아볼 수 있습니다. 하나는 '유사성', 또 하나는 '사이비성'이지요. 유사성은 모방성과 의사성(擬似性)을 내포하고, 사이비성은 권모술수가 심한 집단이거나 반사회성을 지닌 집단이란 의미가 내포되어 있습니다.

종교의 자유는 헌법에 보장돼 있습니다. 특정 종교를 '잘못됐다'고 멋대로 규정하는 것은 종교를 믿는 사람에 대한 또 다른 폭력일 수 있습니다. 하지만 주변 사람들을 고통으로 몰아넣고 개인을 일상생활에서 고립시키는 잘못된 교단 또한 분명히 존재합니다.

그 잘못된 사교의 하나로, 지금 현 정권의 '비선 실세'로 지목된 최순실의 부친 고(故) 최태민이 만든 '영세교'라는 것이 있습니다. 최순실의 선친인 최태민은 1970년대 초 '영세교'를 세우고 교주가 되었습니다. 영세교는 불교, 기독교, 천도교 등의 종교를 종합해 '살아 영생'이라는 교리를 표방합니다. 일반적인 종교는 사람의 육신이 죽고 나면 '사후 영생', '사후 극락'에 대해 이야기를 합니다. 그런데 이에 반해 '영세교'는, 사람은 원래 신이었고 현재의 사람이 원래의 신체(神體)로 돌아가 신이 되면 '불사(不死)'의 영생체가 된다고 주장합니다. 영세교에서는 '사람이 하느님이 되어야만 하늘나라에 들어갈 수 있고, 구원을 받을 수 있다.'는 교리를 가지고 있습니다.

그런 최태민이 박근혜 대통령의 일을 봐준다는 구실로 이권을 챙긴 사람입니다. 박근혜 대통령은 자신을 이용한 이 사람을 '은

인'이라고 생각하는 모양입니다. 그래서 청와대 비서관이었던 '박관천'이라는 사람이 이런 말을 했습니다.

"우리나라 권력 서열 1위가 최순실, 2위는 정윤회, 3위가 박근혜 대통령이다."

우리 국민들은 처음 그 말이 나왔을 때 '설마?' 하고 생각했습니다. 그런데 요즘 뉴스나 신문기사를 보면 전혀 근거 없는 말이 아니었다는 걸 알 수 있어 마음이 참으로 답답합니다.

박근혜 대통령과 최태민이 인연을 맺게 된 것은 육영수 여사가 피살된 뒤라고 합니다. 최태민이 당시 박근혜 영애에게 꿈에 나타난 육영수 여사의 메시지라며 여러 차례 편지를 보낸 데서 시작된 것으로 알려져 있지요. 그러면서 박 대통령이 퍼스트레이디 역할을 하던 당시에 최태민에게 크게 의지를 했다고 합니다. 그러다 1976년 박근혜 대통령은 최태민이 여러 단체를 통합하여 만든 '새마음봉사단'의 총재를 지냈고, 그 단체의 대학생 회장이던 최태민의 딸 최순실을 만나 오늘의 사태에 이르렀다는 것입니다.

어쨌든 우리는 영세교를 '사이비 종교'라고 부릅니다. 그와 같은 사이비 종교를 감별하는 방법이 있습니다.

첫째, 많은 '금전' 혹은 '노동'력을 요구합니다.

둘째, 완전무결한 '신의 대리인'을 내세웁니다.

셋째, 여신도들에게 성적 접촉을 시도합니다.

넷째, 지도자와 성적인 접촉을 통해 구원(?)을 받는다고 합니다.

다섯째, 특정 종교를 믿지 못하도록 물리적으로 강제합니다.

이처럼 종교가 우리의 일상을 단절시키고, 행복을 가져다주지 못하며, 금전을 과도하게 착취하려고 한다면 그 종교는 이미 정법(正法)이 아닙니다. 모르고 믿으면 미신입니다. 그래서 열 가지 법을 일일이 살펴보고, 그중에서 가장 우월한 종교를 선택해야 사이비 종교에 빠지지 않을 수 있습니다.

어차피 우리가 종교를 가질 바엔 진리적이고, 사실적이며, 도덕적인 대도정법에 귀의해야 합니다. 그리고 이왕이면 종교가 시대화, 대중화, 생활화된 종교를 믿어야 하지요. 그래야 영생의 복락을 누릴 수 있는 것입니다. 또한 오늘날과 같은 국가적인 비극을 막을 수 있지 않을는지요!

마음 편하게 사는 법

어떻게 사는 사람이 인생을 잘 사는 것일까요? 짧지 않은 세월을 살아왔습니다. 아무래도 마음 편하게 사는 것이 제일 잘 사는 길인 것 같습니다.

공자의 제자 '원헌(原憲)'은 청빈함을 달게 여겨 오로지 자기 수양에 힘쓰는 고결한 선비였습니다. 하루는 자공(子貢)이 원헌을 찾아왔습니다. 자공은 마중 나온 원헌의 핼쑥한 모습을 보고 동정어린 투로 이렇게 말했습니다.

"선생께서는 어찌하여 이렇듯 병색을 띠고 있습니까?"

자공의 물음에 원헌은 이렇게 대답합니다.

"저는 재화가 없는 것을 가난하다 하고, 배워서 실천하지 못하는 것을 병들어 쇠했다고 하는 것으로 알고 있습니다. 저는 비록 가난하기는 하나 병들어 있는 것은 아닙니다."

남송(南宋)의 유백용은 높은 관직에 이르렀어도 여전히 가난하기 그지없으므로 어떻게 하면 이익을 얻을 수 있는지에 대해 궁리했습니다. 옆에서 이를 보고 있던 귀신(鬼神)이 박장대소를 했습니다. 그의 가난은 그의 인생에 필요한 것이었는데, 이를 억지로 고치려 했기 때문에 귀신의 비웃음을 산 것이지요.

하늘이 가난을 가지고 사람들을 시험하는 이유는 누가 더 꿋꿋한 기상을 가지고 있는지 알아보기 위해서라고 합니다. 그렇기에 물질적인 어려움 가운데서도 여전히 안빈낙도(安貧樂道)할 수 있는 사람이 '군자(君子)'라 하는 것이지요.

제가 아는 큰 부자가 있습니다. 그런데 그분이 제게 말하기를, "밤에 집에 들어가면 머리에서 쥐가 나는 것처럼 울퉁불퉁한 것이 마구 솟아난다."며 하소연을 했습니다. 상장기업을 거느린 재벌로 훌륭한 자식들까지 둔 그분이 무엇 때문에 그런 고통을 받고 살아갈까요? 그래서 제가 한마디 했지요.

"저처럼 머리를 깎으시지요!"

흔히 가업이 영원히 전수되지 않는 이유는 총수의 강한 집착 때문이라고 합니다. 내려놓지를 못하기 때문이지요. 자기가 아니면 안 된다는 강한 집착 때문에 기업을 자식에다가 물려주지도 못하고 밤마다 그런 말 못할 고통을 당하고 사는 것입니다.

많은 사람들이 어려운 가정환경을 탓하며 살아갑니다. 그러나 군자는 가난과 환경에 대해서 평상심을 유지할 뿐이지요. 군자는 가난하고 비천해도 권세 있고 부유한 사람들에게 비굴한 법이 없습니다. 이런 태도는 가난까지도 달게 받아들이는 고매함과 훌륭한 인격의 증거라고 할 수 있지 않을까요? 이런 사람은 기회가 올 때 반드시 자신의 능력을 발휘합니다. 그들 마음속에는 가난하고 비천했던 시절의 경험이 깊이 새겨져 있기 때문에 어떤 어려움과 고난의 상황도 견뎌 내는 것이지요. 따라서 역경이 오더라도 마음의 동요 없이 안빈낙도할 수 있는 것입니다.

그럼 마음 편하게 두 다리 쭉 펴고 살아가는 방법은 무엇일까요?

첫째, 무관사(無關事)에 동하지 않는 것입니다. 자기와 관계없는 일에 끼어들지 않는 것입니다. 자칫 구설수에 오를 수도 있고, 화를 자초할 우려도 있습니다.

둘째, 양극단에 치우치지 않는 것입니다. 요즘, 세상이 너무 시끄럽습니다. 그래서 정치, 종교, 이념에 치우치지 않는 것입니다. '중도'가 도입니다. 오직 중도, 중화, 중용의 길을 갑니다.

셋째, 사람을 미워하지 않는 것입니다. 미운 놈 떡 하나 더 주는 것입니다. "원수를 사랑하라."는 말도 있잖아요.

넷째, 남에게 말로 상처를 입히지 않는 것입니다. "구시화복문(口是禍福門)"이라 했습니다. 칼로 입은 상처는 회복되지만 말로 입은 상처는 평생 갑니다. 그러나 잘 쓰면 입이 복문(福門)이 되지요.

다섯째, 죽는소리를 하지 않는 것입니다. 군자는 우는 소리를 하지 않습니다. 죽는 소리는 소인배나 하는 짓이지요.

여섯째, 남을 원망하지 않는 것입니다. 남을 원망하면 원망할 일이 더 생겨나고, 감사하면 감사할 일이 막 생겨납니다.

일곱째, 항상 밝은 생각을 하는 것입니다. 어두운 생각을 하지 마세요. 캄캄한 골방으로 들어가지 말고, 찬란한 밖으로 나오는 것입니다. 희망찬 밝은 생각으로 살아야 의욕이 생깁니다.

여덟째, 일을 손에서 놓지 않는 것입니다. 함께 배우며 사람들과 어울려 인생을 유유자적하는 것입니다.

아홉째, 고민을 털어 버리는 것입니다. 잠자기 전에는 좋은 기억만 떠올리세요. 그럼 잠자는 동안 행운으로 바뀌어집니다.

열째, 마음의 문을 활짝 여는 것입니다. 대문을 열면 도둑이 들어오지만, 마음을 열면 기회와 행운이 들어옵니다. 매사에 긍정적이고 적극적이며 정열적으로 뛰는 것입니다.

어떻습니까? 세월은 사람을 기다려 주지 않습니다. 흘러간 강물과 같이 한 번 가 버린 시간은 다시 오지 않는 법이지요. 누구에게나 한 번씩 주어진 일생이라는 시간입니다. 얼마 남지 않은 여생 머리에서 쥐가 나도록 살 것인가, 아니면 아무런 걱정 없이 두 다리 쭉 뻗고 살 것인가는 전적으로 자신에게 달려 있습니다.

저처럼 머리를 깎고 살면 어떨까요? 모든 집착에서 벗어난다는 의미입니다. 조금은 바보같이, 정신 · 육신 · 물질로 무조건 베풀며, 세상을 위해 맨발로 뛰며 헌신하는 삶이 아마도 인생을 마음 편하게 사는 가장 좋은 방법이 아닐까요?

사랑의 유통기한

'사랑'은 무엇일까요? 국어사전에는 "어떤 상대를 애틋하게 그리워하고 열렬히 좋아하는 마음, 다른 사람을 아끼고 위하며 소중히 여기는 마음, 어떤 대상을 매우 좋아해서 아끼고 즐기는 마음"이라고 쓰여 있습니다.

사랑 한번 못해 본 사람이 있을까요? 사랑 한번 못해 본 사람이 있다면 그 사람은 이 세상에서 가장 불행한 사람일 것입니다. 단지 그 사랑이 얼마나 크고 넓은지 그것이 문제지요. 저는 평생 셀 수 없이 많은 사랑을 불태워 왔습니다. 그때마다 큰 환희와 열락(悅樂)에 몸을 불살랐지요. 그러나 종심(從心)에 와서야 더 큰 사랑이 있다는 것을 깨닫게 된 것입니다.

사랑은 가장 따뜻한, 가장 바람직한 인간관계를 말합니다. 또한 그러한 관계를 맺고 지켜 가고자 하는 마음이자 마음의 움직임이 사랑입니다. 따라서 사랑은 애틋하고, 그리움이며, 간절함일 것입니다. 그런 면에서 사랑은 '마음을 준다.' 또는 '마음을 바친다.', '정(情)을 준다.' 등의 말로 사랑이라는 행위를 표현해 온 것입니다.

사랑과 같은 의미를 가진 낱말은 적지 않습니다. 그러나 모든 감정이 그러하지만 특히 과학적으로 '사랑'을 설명하기란 쉬운 일이 아닙니다. 그럼에도 감정에 관여하는 뇌에서는 '사랑'을 어떻게 표현하는지 궁금하지 않은가요?

재작년이던가요? 과학자들은 로맨틱한 사랑을 나누는 사람의 뇌에서는 새로운 불빛이 나온다는 연구를 발표했습니다. 사랑에 빠져 있는 사람과 그렇지 않은 사람은 뇌에서부터 다른 모습을 보인다는 것이지요. 특히 사랑에 빠진 사람의 뇌가 변화하는 이유는 여러 화학물질이 관여하기 때문이라고 합니다. 연구에 따르면 사람은 사랑을 느낄 때 뇌에서 '도파민', '옥시토신', '바소프레신'과 같은 화학물질을 활발하게 분비하게 된다고 합니다. 그래서 사랑에 빠지게 되면 일상생활의 모습이 다른 방식으로 뇌가 작동하게 된다는 것이지요.

그럼 사랑의 힘은 과연 어디까지일까요? 사랑의 호르몬으로 알려진 '옥시토신'은 알코올 활동을 억제하는 데 영향을 미친다고 합니다. 사랑의 힘이 알코올 활동도 억제하는 것이지요. '옥시토신'은 남녀 간의 사랑은 물론이고 모성애와 인간관계 전반에 관여하는 호르몬입니다. 연구팀은 '멜라노코르틴(Melanocortin)'이라는 화학물질을 이용, 옥시토신 호르몬이 뇌에서 분비되도록 자극하는 방법을 찾았습니다.

흔히 옥시토신 분비와 관련하여 '사랑의 유통기한'을 2년이라고 이야기하는 경우가 있습니다. 하지만 모든 것들이 과학적으로 설명하기 어렵듯, 사랑의 유통기한 역시 과학적으로 설명하기 어렵습니다. 설사 옥시토신 분비가 2년이 지나면 줄어든다고 해도 말입니다.

우리들의 사랑은 어떨까요? 진정한 사랑의 대상을 만나면 그것이 친구든 애인이든 남편이나 아내, 자식이든 우리는 사랑을 주는데 몰두합니다. '사랑은 주는 것'이라며 주는 사랑을 통해 만족하고 뿌듯해하고 행복해하지만, 솔직히 그 사랑의 시간이 얼마나 될 수 있을까요? 솔직하게 영원히 사랑할 것이라는 결심과 각오는 책임질 수 없는 공수표임을 살면서 너무도 깊이 절감하고 있는 것이 사실일 것입니다. 그 이유는, 우리가 사랑할 수 있는 것은 고작 우리가 듣고, 보고, 배우고, 가진 것밖에는 줄 수 없기 때문입니다. 바닥이 나버린 우리의 사랑을 더 이상 줄 것이 없으면 그때부터는 당연히 상대로부터 받기를 바라고 요구하기에 이르는 것입니다.

그럼에도 영원한 사랑을 요구하는 욕구가 사람들에게 있음을 어찌해야 할까요? 방법은 하나밖에 없습니다. '사랑의 본질'로부터 재공급받아야 한다는 것이지요. 그 사랑의 본질은 '진리(眞理)'

입니다. 그래서 진리와 합일된 사람은 사랑을 잘 주는 사람이 되는 것입니다. 그런 사람은 사랑을 주는 데 국한이 없습니다. 그리고 차별하지 않습니다. 예쁘다고 더 주고, 밉다고 덜 주는 것이 아닙니다. 그런 사랑을 우리는 '대자대비(大慈大悲)'라고 합니다. 이 대자대비를 갖춘 사람은 마음이 향하는 곳마다, 손길 미치는 곳마다, 발길 닿는 곳마다 모든 것이 일체중생을 구제하는 일에서 벗어나지 않습니다. 이처럼 큰 법력을 갖춘 부처님은 스스로의 마음과 말과 모든 행동이 중생 구제하는 일 아님이 없고, 따라서 한 중생도 마음으로부터 버릴 수 없습니다. 이처럼 부처의 눈으로 일체중생을 보면 모두가 한없이 사랑스럽고 모두가 안타깝습니다.

원불교『대종경』「불지품 2장」에 이런 큰 사랑을 하시는 불보살의 능력에 대해 소태산 부처님께서 하신 말씀이 나옵니다.

부처님의 대자대비는 저 태양보다 다습고 밝은 힘이 있나니, 그러므로 이 자비가 미치는 곳에는 중생의 어리석은 마음이 녹아서 지혜로운 마음으로 변하며, 잔인한 마음이 녹아서 자비로운 마음으로 변하며, 인색하고 탐내는 마음이 녹아서 혜시하는 마음으로 변하며, 사상(四相 : 我相·人相·衆生相·壽者相)의 차별심이 녹아서 원만한 마음으로 변하여, 그 위력과 광명이 무엇으로 가히 비유할 수 없느니라.

어떻습니까? 불보살의 사랑은 정말 넓고, 크고, 깊지 않으신가요? 이제야 진정한 사랑이 무엇인지 어느 정도 더위잡으셨는지요?

한 사람을 사랑하면 한 사람에게만 사랑을 받습니다. 문제는 저마다 지닌 사랑의 크기인 것입니다. 여러분께서는 과연 몇 사람이나 사랑하시는지요? 인과의 세계에서는 주는 만큼 받는 것입니다. 그래서 불보살 성현들은 현재의 작은 이익을 취하지 않습니다. 오히려 해를 입어가면서 영원무궁한 이익을 챙기시는 것이지요. 그러나 범부 중생들은 작은 이익을 구하다가 죄를 범하여 도리어 해를 입기가 십상입니다. 참된 이익은 정의에 입각하고 대의(大義)에 맞아야 얻어지는 것입니다. 우리가 어차피 사랑을 할 바에야 이처럼 큰 불보살의 사랑을 하면 좋겠습니다.

우리는 과연 몇 사람을 사랑하고 계신가요? 한 사람을 사랑하면 한 사람한테 복을 받습니다. 그러나 일체생령을 사랑하면 일체생령으로부터 사랑을 받습니다. 짐승도 제 한 몸 제 한 가족을 사랑합니다. 그 국한을 뛰어넘어야 합니다.

사랑의 유통기한은 무한정입니다. 우리가 인간이 된 이상 우주의 진리를 깨달아 일체생령을 사랑하는 불보살의 큰 사랑을 하면 어떨는지요!

나라가 망하는 열 가지 징조

진나라 시대에 한비자(韓非子 : BC 280~233)라는 사람이 있었습니다. 한비자는 5천 년 중국을 이끌어온 50인의 모략가 중 한 사람입니다. 그는 전국시대 한왕(韓王) 안(安)의 서자로 출생했습니다. 그의 어머니는 신분이 낮은 출신이었기 때문에 그가 비록 왕족이었지만 왕실에서 대우받지 못하는 불운한 처지였지요. 이 같은 불행한 소년기를 가졌기에 그는 일찍부터 학문 연구에 눈을 돌렸습니다.

그가 태어난 한나라는 전국 7웅(秦, 楚, 燕, 齊, 韓, 魏, 趙) 중의 하나로, 가장 문화 수준이 낮은 소국이었습니다. 한비(韓非 : 한비자의 본명)는 당대의 석학인 조나라의 순자(荀子 : BC 300경~230경)에게 배우기 위해 제나라의 수도 임치로 그를 찾아갔습니다. 한편, 순자는 조나라 출신으로 이곳에 와서 학자의 우두머리인 제

주에 초빙되어 있었습니다. 한비는 순자에게서 학문을 배우는 동안 후일 진나라의 재상이 된 이사(李斯)는 물론, 이곳에서 유가·도가·명가·법가·묵가 등 여러 학파의 학문을 두루 흡수, 비판하면서 부국강병의 설을 체계화했습니다. 그의 학설을 현실 정치에 적용하려면 국왕의 인정을 받아야 하는데, 그는 말재주가 없어 자신의 뛰어난 문장에 의존할 수밖에 없었습니다. 그의 문장을 모은 저서『한비자』는 55편이 있습니다.

사마천의『사기』에 의하면 이 한비자의 저서 중『고분』과『오두』를 우연히 진시황이 보게 되어 "이 책이야말로 내가 기다리던 것이다. 내가 이 사람을 만날 수만 있다면 죽어도 한이 없다."며 감탄했다고 합니다. 이때 승상 이사가 진시황에게 "한비를 얻고 싶으면 한나라를 공격하라. 그러면 반드시 한비를 사신으로 보내올 것이다." 하고 건의하자, 예상대로 한나라는 한비를 사신으로 보내 화친을 청했습니다. 이때 한비는 진시황을 움직여 위험에 빠진 한나라를 구할 기회를 보고 있었습니다.

한편, 이사는 진시황이 한비를 중용할 것을 두려워하여 왕에게 모함했으나 진시황은 그의 인물됨을 아껴 투옥시키는 데 그쳤습니다. 그러나 옥에 갇힌 한비에게 이사는 독약을 보내 자살할 것을 강요하자 한비는 그의 결백을 입증하기 위해 진시황을 만나 볼 기회를 간청했으나 받아들여지지 않았습니다. 진시황이 자기의 잘못을 깨닫고 그에게 석방 명령을 내렸을 때는 이미 그가 자살한 후였습니다.

그 한비의 '나라가 망하는 열 가지 징조'가 있습니다. 2천300여 년 전의 한비의 주장이 어쩌면 오늘날 우리나라나 각각의 종교에도 적용되는 것 같아 알아봅니다.

첫째, 법질서의 문란입니다. "법(法)을 소홀이 하고 음모와 계략에만 힘쓰며 국내 정치는 어지럽게 두면서 나라 밖 외세만을 의지한다면 그 나라는 망할 것이다."

둘째, 경제의 민주화가 실종되는 것입니다. "선비들이 논쟁만 즐기며, 상인들은 나라 밖에 재물을 쌓아두고, 대신들은 개인적인 이권만을 취택하면 그 나라는 망할 것이다."

셋째, 사치풍조의 만연입니다. "군주가 누각이나 연못을 좋아하여 대형 토목공사를 일으켜 국고를 탕진하면 그 나라는 망할 것이다."

넷째, 회전문 인사입니다. "간연(間然)하는 자의 벼슬이 높고 낮은 것에 근거하여 의견을 듣고 여러 사람 말을 견주어 판단하지 않으며, 듣기 좋은 말만 하는 사람 의견만을 받아들여 참고를 삼으면 그 나라는 망할 것이다."

다섯째, 소통 부재입니다. "군주가 고집이 센 성격으로 간언은 듣지 않고 승부에 집착하여 제멋대로 자신이 좋아하는 일만 하면 그 나라는 망할 것이다."

여섯째, 외교와 동맹에 안주하는 것입니다. "다른 나라와의 동맹만 믿고 이웃 적을 가볍게 생각하여 행동하면 그 나라는 망할 것이다."

일곱째, 인재 등용의 난맥상입니다. "나라 안의 인재는 쓰지 않고 나라 밖에서 온 사람을 등용하여 오랫동안 낮은 벼슬을 참고 봉사한 사람 위에 세우면 그 나라는 망할 것이다."

여덟째, 군주의 자만심입니다. "군주가 대범하여 뉘우침이 없고 나라가 혼란해도 자신은 재능이 많다고 여기며, 나라 안 상황에는 어두우면서 이웃 적국을 경계하지 않아 반역세력(反逆勢力)이 강성하여 밖으로 적국의 힘을 빌려 백성들을 착취하는데도 처벌하지 못하면 그 나라는 망할 것이다."

아홉째, 금수저의 세습입니다. "세력가의 천거(薦居)받은 사람은 등용되고, 나라에 공을 세운 지사(志士)는 내쫓아 국가에 대한 공헌은 무시되어 아는 사람만 등용되면 그 나라는 반드시 망할 것이다."

열째, 공적 자금 투입입니다. 나라의 창고는 텅 비어 빚더미에 있는데, 부실기업에 천문학적인 공적 자금을 투입합니다. "권세자의 창고는 가득 차고 백성들은 가난한데, 상공업에 종사하는 사람들은 서로 이득을 얻어 반역도(反逆徒)가 득세하여 권력을 잡으면 그 나라는 반드시 망할 것이다."

어떻습니까? 이러고도 나라가 망하지 않을 수 있겠는지요? 비록 옛날 옛적 얘기이지만 지금의 우리나라 형편을 들여다보면 귀감으로 삼지 않을 수 없습니다. 무엇이나 극하면 변고가 생기고, 과하면 폐단이 생깁니다. 그러므로 극과 과에 치우치지 않는 것이 구세(救世)의 요법입니다.

나라가 어지럽습니다. 지금이라도 우리 위정자들이나 사회 지도자들이 이 '나라가 망하는 열 가지 징조'를 참고하면 나라가 평안하지 않을는지요!

대원 성취법

사람이 일평생 살아가면서 대원(大願)을 세우고 이를 성취하려 달려가는 것을 '서원(誓願)'이라 합니다. 그러나 대업(大業)의 성취는 그냥 되는 것이 아닙니다. 무슨 일이나 하늘의 명을 받아야 하고, 사람의 도움을 받아야 하며, 세상의 인심이 따라야 합니다. 그럼 이 세 가지 도움을 받아 대원을 성취하는 방법은 무엇일까요? 그 대원의 성취법을 저 유명한 삼국지의 조조(曹魏 太祖 武皇帝 曹操, 155~220)에게 배워 보는 것 역시 훌륭한 방법이 될 것입니다. 그 일곱 가지 인재 등용 방법을 공유해 봅니다.

첫째, "훌륭한 목수는 좋은 연장을 쓴다." 모든 싸움의 시작과 끝은 사람입니다. 싸움을 일으키는 것도 사람이요, 그 싸움을 끝내는 것도 사람입니다. 특히, 재능을 갖춘 인재가 옆에 있다면 어떤 싸움도 두렵지 않을 것입니다. 역사적으로 승자의 위치에 오른 인물들은 하나같이 사람을 잘 부릴 줄 알았습니다. 조조는 역사 연구를 통해 인재 등용의 중요성을 명확하게 이해했으며, 남다른 감각으로 인재를 발탁하고 중용했습니다. 사실상 조조가 짧은 시간에 원소(袁紹)를 격파하고 강동을 압박하여 서량을 취해 대업을 이룰 수 있었던 핵심 요인은 조조를 위해 힘써 일한 많은 인재들입니다. 사람 귀한 줄 알았던 조조는 깍듯이 인재들을 대접했고, 인재들은 자신의 능력을 알아보고 높이 평가해 준 조조에게 충성을 다짐하며 그의 휘하로 몰려들었던 것입니다.

둘째, "세상이 곧 나의 스승이다." 능력만으로 사람을 등용했던 조조의 인재술은 많은 사람들의 마음을 사로잡기에 충분했습니다. 조조의 인재등용술은 당시 전통과 출신을 중시하던 인재술에 대한 일종의 도전이었습니다. '적벽대전(赤壁大戰)'에서 패한 조조가 천하의 인재를 모집한다는 소문이 퍼지자, 조조를 위해 몸 바칠 각오로 무장한 인재들의 발길이 끊이질 않았습니다. 이로써 조조는 '적벽대전'의 그늘에서 일찌감치 벗어날 수 있었습니다.

셋째, "좋은 친구들을 사귀어라." 무릇 성공은 내 손으로 이루어지는 것이 가장 좋습니다. 하지만 남의 도움을 받는다면 더 빨리 성공을 거머쥘 수도 있는 것입니다. 특히 능력이 탁월할 뿐만 아니라 나를 위해 목숨까지 내놓을 정도로 충성하는 사람들을 거느렸다면 성공은 내 손안에 있는 셈입니다.

넷째, "귀중한 것일수록 얻기 어렵다." 1천 명의 병사는 얻기 쉽지만, 뛰어난 장수 한 명을 거두기란 쉽지 않습니다. 혼란한 정국을 수습하고 천하를 통일하기 위해서는 많은 인재들의 활약이 중요합니다. 그런데 큰 뜻과 남다른 재능을 가진 인재들은 깊은 곳에 숨어 자신의 가치를 알아줄 주군을 기다립니다. 조조는 자신을 도와 천하를 제패할 이런 인재들을 찾는 데 주력했고, 진심으로 그들을 대했습니다. 조정에 불만이 있어 은둔생활을 하고 있던 순욱은 조조가 지혜롭고 용맹하며 인재를 중용한다는 말을 듣고 조조에게 몸을 의탁하려고 일찍부터 생각하고 있었습니다. 그러나 조조가 어떻게 나올지 몰라 일부러 격문(檄文)을 써서 조조의 반응을 떠보자, 조조는 곧바로 조인을 보내 순욱을 모셔오게 했습니다. 그리고 일부러 문을 닫아걸고 나오지 않는 순욱에게 화가 난 조인이 시건방진 순욱을 죽여야 한다고 조조에게 건의하자, 조조는 오히려 조인을 꾸짖었습니다. 그날 이후로 조조는 몸소 좋은 말을 끌고 와 다리가 아프다는 순욱을 부축해서 앉힌 다음 품에 안고 경복전으로 들어갑니다. 모든 일에는 사람이 우선입니다. 성공에도 사람이 우선이지요.

다섯째, "최고의 인재 등용꾼이 되자." 능력이 비범한 사람을 만나는 것은 성공으로 이끄는 나침반을 얻는 것과 같습니다. 조조는 특유의 카리스마로 천하의 인재들을 끌어들였습니다. 초야에 묻혀 있다가 조조에게 재능을 인정받아 등용된 인재들도 많았고, 자진해서 찾아온 인재들도 많았습니다. 심지어는 억지로라도 자기편으로 끌어들였습니다. 사마의는 체포하라는 칙서까지 내려 벼슬자리에 앉히기도 했습니다.

여섯째, "소도 언덕이 있어야 비빈다." 큰일을 하려면 남보다 지혜로워야 합니다. 지혜를 얻을 수 있는 방법은 크게 두 가지가 있습니다. 첫째는 미래에 대한 고민과 연구를 통해 얻는 것이며, 둘째는 현명한 사람들에게서 지혜를 구하는 것입니다. 조조가 천하대업을 실현할 수 있었던 데에는 그 자신의 비범한 재능 외에 당대 최고의 '싱크탱크'의 도움이 있었습니다.

일곱째, "틀 밖으로 나와라." 사람은 누구나 잘나고 못남은 종이 한 장의 차이입니다. 그러나 그 사람을 어떻게 활용하느냐에 따라 바라는 결과는 하늘과 땅 차이지요. 조조가 거느리던 책사들은 제갈량처럼 만사에 능하지는 않았지만 서로 머리를 맞대고 노력한 결과는 결코 그에 뒤처지지 않았습니다.

어떻습니까? 이 일곱 가지 방법으로 천하 인재를 모으면 가히 천하도 경영해 볼 수 있지 않을까요? 사람이 서로 사귀는 데 그 좋은 인연이 오래가지 못하는 것은 대개 유념(有念)할 자리에 유념하지 못하고, 무념(無念)할 자리에 무념하지 못하는 연고입니다.

'유념할 자리에 유념하지 못한다.'는 것은 무슨 방법이든지 남에게 은혜를 입고도 그 은혜를 잊어버리는 것입니다. 그리고, 혹 은혜 입은 사람이 나에게 섭섭하게 대할 때에 의리 없이 상대하는 것이지요. 또한 '무념할 자리에 무념하지 못하는 것'은 무슨 방면으로든지 남에게 은혜를 준 후에 보답을 바라는 마음이 있어 은혜 입은 사람이 혹 나에게 잘 못할 때에는 전에 은혜 입혔다는 생각으로 더 미워하는 생각을 일어내는 것입니다.

상극(相剋)의 마음이 화(禍)를 불러들이는 근본이 되고, 상생(相生)의 마음이 복(福)을 불러들이는 근본이 됩니다. 무릇 어느 방면이라도 대원을 성취하려는 사람은 상생의 마음으로 사람을 대한다면 능히 대업을 성취하고 위인이나 성인의 반열에 오르지 않을까요?

군자피삼단

'군자피삼단(君子避三端)'이란 말이 있습니다. 이는 『한시외전(韓詩外傳)』에 나오는 말로, '군자는 세 가지 끝을 피한다.'는 뜻이지요. 언제나 군자는 붓끝, 칼끝, 혀끝의 세 가지 끝을 삼가야 한다는 것입니다. 즉, 모든 일에 신중하여 분쟁에 휘말리지 않도록 조심하라는 의미입니다.

새 가운데 아름다운 깃털과 굽은 부리를 가진 것을 새들도 두려워하고, 물고기 가운데 입이 크고 아랫배가 살찐 것을 물고기도 두려워하며, 사람들 가운데 말솜씨가 좋고 말수가 많은 이를 사람들은 두려워한다. 그러므로 군자는 문필에 능한 사람의 붓끝과 무예에 뛰어난 사람의 칼끝, 말을 잘하는 사람의 혀끝을 피해야 한다(鳥之美羽勾喙者, 鳥畏之. 魚之侈口垂腴者, 魚畏之. 人之利口贍辭者, 人畏之. 是以君子避三端, 文

士之筆端, 武士之鋒端, 辯士之舌端).

그러니까 군자는 '문사의 문필'과 '무사의 무기', '변사(辨士)의 구설' 등 세 가지의 날카로운 끝을 피하여 자신의 몸을 지켜야 한다는 것을 말하는 것이지요. 조직 생활에서는 '군자피삼단'을 잘 지켜 업무 외에는 가능하면 다른 사람과 부딪치거나 대립하는 것을 피하는 것이 좋습니다.

그럼 세상을 살아가면서 분쟁과 갈등을 피하는 방법은 없을까요? 스티븐 스캇의 『솔로몬 부자학』이라는 책에서 갈등의 원인과 그 극복 방법을 제시한 것이 있습니다. 그중 두 가지를 알아보면 다음과 같습니다.

첫째는, '어리석은 사람의 공격에 똑같이 대응하지 말라.'는 것입니다. 논쟁과 갈등은 잘해 봐야 유치한 짓, 최악의 경우 미련한 짓일 뿐입니다. 따라서 공격해 오는 사람과 똑같은 수준으로 추락해서는 안 됩니다. 누가 욕을 하거나 인신공격을 퍼붓는다고 해서 그대로 되갚을 필요가 없습니다. 미련한 사람이 어리석은 말을 할 때에는 그 허점을 지적해야지 그 사람을 공격해서는 안 된다는 것이지요. 또 상대방이 비판을 받아들이지 않는다면 그냥 그렇게 놔둬야 합니다. 그는 자신의 아둔함으로 고통을 자초할 것입니다. 그러니 똑같이 대응할 필요가 없습니다.

둘째는, '논쟁을 격화시키지 말라.'는 것입니다. 부드러운 대답은 분노를 가라앉히지만 거친 말은 화를 돋울 뿐이기 때문입니다. 내가 먼저 부드러운 목소리, 친절한 말, 건설적인 말을 시작하면 긴장과 대립을 쉽게 가라앉힐 수 있습니다. 땔감이 다 떨어지면 불이 꺼지듯 남의 말을 잘 하는 사람이 없어지면 다툼도 그치는 법입니다.

우리가 고전을 읽다 보면 가장 많이 접하게 되는 단어가 바로 '군자'입니다. 고전이 말하는 이른바 군자는, 유교에서는 일반적으로 '성품이 어질고 학식이 높은 지성인'을 의미합니다. 춘추전국시대 때에는 '높은 벼슬을 한 사람'을 부르는 말로도 쓰였습니다. 『예기』「곡례편(曲禮)」에 따르면, "많은 지식을 갖고 있으면서도 겸손하고, 선한 행동에 힘쓰면서 게으르지 않은 사람을 군자라고 한다."고 했습니다. 그리고 『논어』「이인편(里仁)」에서는, "군자는 어떤 것이 옳은 일인지 잘 알고, 소인은 어떤 것이 이익인지 잘 안다. 군자는 어찌하면 훌륭한 덕을 갖출까 생각하고, 소인은 어찌하면 편히 살 것인가 생각한다."는 말로 군자를 정의했습니다.

군자의 정의에 따르면, 고전 속에 나타나는 군자는 '사람이 걸어갈 길이자 사람이 배워야 할 배움의 길'로도 해석할 수 있습니다. 따라서 군자가 지녀야 할 조건에 대해 적어 놓은 글이 많이 있습니다. 그중 가장 잘 알려진 글이 '군자삼외(君子三畏)', 즉 군자가 두려워하는 세 가지입니다.

공자는 군자에게 두려운 것이 세 가지가 있다고 하셨습니다. 그 첫째는 하늘의 명을 두려워하고, 둘째는 자신보다 학덕이 높은 사람을 두려워하고, 셋째는 성인의 말씀을 두려워해야 한다는 것입니다. "하늘의 명을 두려워한다."는 것은 사회에 기여하지 못함을 두려워해야 한다는 뜻입니다. 그리고 "학덕이 높은 사람을 두려워해야 한다."는 것은 덕망이 높고 도량이 넓은 인격자인 대인을 숭앙(崇仰)하고서 이를 본받지 못함을 두려워해야 한다는 뜻이지요. 또한 "성인의 말씀을 두려워해야 한다."는 것은 성인의 가르침을 거울삼아 스스로 부족함을 깨닫고도 이를 고치려 하지 않음을 두려워해야 한다는 뜻입니다.

'군자삼외'가 우리에게 주는 가르침은 지도자에게 주어진 사명으로서 자신이 처해 있는 세계를 바르게 이끌어야 하고, 옳은 것을 본받고 성현의 가르침에서 벗어나지 않도록 실천해야 한다는 것입니다.

이외에도 '군자삼계(君子三戒)', 즉 군자가 경계해야 할 세 가지로, 첫째는 젊을 때 '여색(女色)'을 경계하고, 둘째는 장성해서 '싸움'을 경계하고, 셋째는 나이가 들어서 '물욕(物慾)'을 경계해야 한다고 했습니다.

어떻습니까? 사실 고전이 말하는 군자가 지녀야 할 여러 가지 품성 혹은 조건들을 살펴보면 현대 사회와 일정 부분 괴리가 있는 것은 사실입니다. 그러나 이 같은 고전의 지혜를 제대로 알지 못하고 무의미하게 세상을 살아가는 것도 어쩌면 불행한 삶이 될 수 있는 것입니다.

요즘 박근혜 대통령이 이런 고전의 덕목들을 몸에 익혔다면 과연 오늘날의 불행이 왔을까요? 아마 태연자약한 모습을 보이려고 애를 쓰고 있겠지만 속으로는 회한의 눈물을 흘리고 있을 것입니다.

지금 온 나라의 관심과 눈길이 온통 박근혜 대통령에게 쏠려 있습니다. 현 시국은 불행하게도 정치적 봉합도, 정치적 거래도 불가능한 사실상 무정부 정국이나 다름없습니다. 즉, 백약이 무효인 시국이지요. 박근혜 대통령은 취임 이후 3년 8개월 만에 스스로 국민으로부터 정치적 금치산 선고를 받은 것과 다름없게 된 것입니다. 결론적으로 말해서 '대통령 유고' 상황인 것입니다.

'대통령 유고'를 해결할 방법은 국민을 믿고 현 내각의 총 사퇴, 거국내각 구성, 하야를 단행하는 것입니다. 그 다음 조기 대선으로 새 정부를 출범시키는 것이 그나마 국민에 대한 속죄의 길이 아닐까 생각해 봅니다. 그리고 홀가분한 몸으로 '군자피삼단'을 비롯한 '군자의 도'를 공부하며 여생을 조용하게 지내면 그나마 나라가 안정을 찾고 내일을 기약할 수 있지 않을까요?

참회의 눈물

지난 10월 25일에 이어 11월 4일에도 박근혜 대통령이 대국민 사과를 하였습니다. 이를 두고 세상에서는 그 사죄의 눈물이 참회의 눈물이냐, 아니면 악어의 눈물이냐 의견이 분분합니다. 여하간 한 나라의 대통령이 불과 10일도 안 돼 두 번씩이나 국민을 향하여 참회의 눈물을 흘린다는 것은 여간 슬픈 일이 아닙니다.

악어가 큰 고깃덩이를 삼킬 때는 꼭 우는 것처럼 보입니다. 그것은 슬픔이나 참회 때문이 아니라 욕심 사납게 먹이를 탐내 종종 자기 입보다 훨씬 큰 덩이를 삼키기 때문입니다. 그러고 나서 숨을 급하게 들이쉬지요. 이때 악어의 눈물샘이 눌리게 됩니다. 그래서 먹이를 먹을 때 우는 것처럼 눈물을 흘리는 것이라고 합니다.

악어의 눈물을 참회의 눈물로 본 것은 로마의 사학자 플리니우스가 그의 저서 『박물지(博物誌)』에서 이를 잘못 해석했기 때문이라고 하네요. 이때부터 악어의 눈물은 거짓 참회의 상징이 되고 있지만, 사실은 단순한 반사작용에 지나지 않는다는 것입니다.

눈물은 인간의 감성을 자극해 동정심을 유발합니다. 그러나 악어의 눈물은 참회의 눈물이 아닌 '거짓의 눈물', '위선의 눈물'에 불과하지요. 악어가 사람을 잡아먹은 뒤 흘리는 눈물이 무슨 의미가 있을까요?

박근혜 대통령이 최순실 파문과 관련해 11월 4일 다시 고개를 숙였습니다. 지난 달 25일에 이어 열흘 만에 다시 국민 앞에 나온 박 대통령은 청와대 춘추관 2층 브리핑룸에서 '국민께 드리는 말씀'을 낭독했습니다. 지난번 대국민 사과에서 1분 40초 정도의 발언을 통해 "이유 여하를 막론하고 국민 여러분께 심려를 끼치고, 놀라고, 마음 아프게 해드린 점을 송구스럽게 생각한다."고 말했던 박 대통령은 이날 9분 3초간 발언을 이어갔습니다.

예정된 대로 오전 10시 30분에 짙은 회색 바지 정장 차림으로 입장한 박 대통령은 준비한 발표문을 연단 위에 놓은 뒤 국민에게 고개를 숙였습니다. 이어 "존경하는 국민 여러분, 먼저 이번 최순실 씨 관련 사건으로 이루 말할 수 없는 큰 실망과 염려를 끼쳐드린 점 다시 한 번 진심으로 사과드립니다."라고 말을 꺼냈습니다.

담화문을 읽어 내려가는 박 대통령의 눈시울은 일순 붉어졌습니다. 그리고 눈에 눈물이 글썽이기도 했습니다. 목소리는 다소 잠긴 듯 가라앉아 있었지요. "무엇으로도 국민의 마음을 달래드리기 어렵다는 생각을 하면 내가 이러려고 대통령을 했나 하는 자괴감이 들 정도로 괴롭기만 합니다."라고 말한 뒤에는 잠시 말을 잇지 못했습니다.

박 대통령은 담화 도중 "가슴이 아프다", "송구스럽다", "가슴 깊이 통감한다.", "스스로 용서하기 힘들고 서글픈 마음", "밤잠을 이루기도 힘들다", "가슴이 찢어지는 느낌" 등과 같은 표현을 통해 참담한 심경을 수차례에 걸쳐 나타내기도 했습니다.

박근혜 대통령의 이 대국민 담화에 대해 여야의 반응은 엇갈렸습니다. 여당은 '진정성 있는 사과'로 평가했지만 야당은 '박 대통령이 국정의 중심에 계속 서 있겠다는 것' 아니냐는 우려를 드러냈습니다.

정말 침통하고 슬픈 일입니다. 진정으로 참회하려면 이 정도의 담화나 약간의 눈물로는 안 됩니다. '참회'라 하는 것은 옛 생활을 버리고 새 생활을 개척하는 일입니다. 그리고 악도(惡道)를 놓고 선도(善道)에 들어오는 초문(初門)이지요. 사람이 과거의 잘못을 참회하여 날로 선도를 행한즉, 구업(舊業)은 점점 사라지고 신업은 다시 짓지 아니하여 선도는 날로 가까워지고 악도는 스스로 멀어지게 되는 것입니다. 죄는 본래 마음으로부터 일어나는 것입니다. 그래서 마음이 멸(滅)함을 따라 반드시 없어질 수 있는 것입니다.

그러나 죄업의 근본은 탐·진·치(貪嗔痴)입니다. 아무리 참회의 눈물을 흘린다 할지라도 후일에 또다시 악을 범하고 보면 죄도 또

한 멸할 날이 없습니다. 또는 악도에 떨어질 중죄를 지은 사람이 일시적 참회로써 약간의 복을 짓는다 할지라도 원래의 탐·진·치를 그대로 두고 보면 복은 복대로 받고, 죄는 죄대로 남아 있게 되는 것이지요.

세상에 전과(前過)를 뉘우치는 사람은 많습니다. 그러나 후과(後過)를 범하지 않는 사람은 적지요. 또 일시적 참회심으로써 한두 가지의 복을 짓는 사람은 많습니다. 하지만 심중의 탐·진·치를 그대로 두고서는 결코 죄업이 청정할 수는 없는 것이지요.

참회의 방법은 두 가지가 있습니다. 하나는 '사참(事懺)'이요, 다른 하나는 '이참(理懺)'입니다. '사참'이라 함은 성심으로 삼보(三寶 : 佛, 法, 僧)전에 죄과를 뉘우치며 날로 모든 선을 행함을 이르는 것입니다. 그리고 '이참'이라 함은 원래에 죄성(罪性)이 공(空)한 자리를 깨쳐 안으로 모든 번뇌 망상을 제거해 감을 이름이지요.

그러므로 사람이 영원히 죄악을 벗어나고자 하면 마땅히 이 두 가지 참회의 방법을 수행해야 합니다. 그리고 밖으로 모든 선업을 계속 수행하는 동시에 안으로 자신의 탐·진·치를 제거하는 것입니다. 이렇게 참회를 일구월심(日久月深)으로 하면 마치 저 솥 가운데 끓는 물을 냉하게 만들고자 하는 사람이 위에다가 냉수도 많이 붓고 밑에서 타는 불도 꺼버림과 같아서 아무리 백천 겁(百千劫)에 쌓이고 쌓인 죄업일지라도 곧 청정해지는 것입니다.

박근혜 대통령이 악어의 눈물을 흘렸는지, 아니면 진정한 참회의 눈물을 흘렸는지 알 수는 없습니다. 그러나 박 대통령 자신이나 나라를 위해서도 진정으로 이 참회의 방법을 통해 진참회(眞懺悔)의 길을 가면 다행일 것 같습니다.

마음이 바르지 못한 사람이 돈이나 지식이나 권리가 많으면 그것이 도리어 죄악을 짓게 되는 근본이 됩니다. 그래서 먼저 마음이 바른 뒤에야 돈과 지식과 권리가 영원한 복으로 화하게 되는 것입니다.

11월 5일, 광화문통과 전국 각지에서 셀 수 없는 국민들이 모여 박 대통령의 하야를 외친 것을 본 박 대통령은 아마 진정한 참회의 눈물을 흘렸을 것이라 생각해 봅니다. 더 이상 참회의 눈물을 흘리는 일은 정말 비극입니다. 부디 박 대통령은 물론, 우리 국민 모두 돈과 지식과 권리를 바로 사용하여 많은 복을 지어가면 희망이 양양한 나라가 되지 않을까요?

마음의 열매

제가 사는 '덕산재(德山齋)'에는 많은 분들이 찾아오십니다. 저는 이 손님들을 맞이하고 대화하는 것이 유일한 즐거움이지요. 그런데 그분들 중에는 가끔 인생 상담을 하려고 오시는 분들도 계십니다. 어느 분은 파경에 이른 혼인생활에 관한 문제, 또 어떤 분은 직장생활에서 오는 고통, 또는 인간관계에 대한 회의 등등의 문제지요.

그런 분들 중 원망생활로 인한 마음 고통이 심한 분이 있었습니다. 외국에서 학위를 받고 귀국한 대단한 인재로 보였습니다. 그런데 요즘 세상 돌아가는 이야기들을 하면서 한국생활에 대한 불만을 쏟아내기 시작했습니다.

먼저, 한국인의 근성이 나빠서 그런지 뛰어난 머리를 갖고 있으면서도 서로 헐뜯고 모함을 하다 보니 되는 게 하나도 없다는 것입니다. 특히 권위주의와 서열 문화, 지역 갈등으로 아무리 창의적인 아이디어를 제출해도 인맥이 없어 받아들여지지 않는다고 합니다. 인재를 알아보지도 못하고 대우도 엉망이라며 울분이 이만저만이 아닙니다. 일리가 있는 말이긴 하지만 불만만 토하는 그분에게 위로 차원에서 "그럼 일본이나 미국으로 가지 그랬느냐?"고 물었지요. 그분은 유학을 마치고 한국에 올 생각은 전혀 하지도 않았다고 합니다. 사실 한국에 오기 전 일본에서 한 회사에 취직을 했는데, 너무 답답하고 사람 사는 곳이 아닌 것 같아 할 수 없이 귀국을 했다고 합니다. 그래도 한국 사람들은 붙임성도 있고 자신의 감정을 그대로 나타낼 줄 알며 싫고 좋은 것을 느낄 수가 있는데, 일본 사람들은 내색을 하지 않으니 그 속내를 알 수 없어 힘들었다고 했습니다. "그럼 학위를 받은 미국으로 다시 들어가면 좋지 않겠느냐?"고 물었지요. 그랬더니 미국인은 우리나라 사람처럼 상냥하거나 식사 값을 먼저 내거나 하는 일은 없고, 무뚝뚝한 개인주의자들로 남을 생각하지 않고 살벌해서 싫다고 했습니다. 또 서울처럼 교통도 편리하지 않고, 물가도 비싸고, 의료비도 비싸서 사람 살 곳이 못 된다고 토로합니다.

그분의 말을 들으니, 결국 자신에게는 아무런 잘못이나 책임은 없고, 모든 문제는 다 외부에만 있다는 생각을 갖고 있는 것이 문제라고 여겨졌습니다. 미국과 일본에서 마음에 맞지 않아 자기 스스로가 한국을 선택했음에도 불구하고, 무조건 환경이나 남 탓만

하는 것이 여간 안타까운 일이 아니었습니다.

세상은 자기 마음대로 되는 것이 아닙니다. 그렇다고 세상에 대한 불만과 원망만 해서야 어디 쓰겠는지요? 세상에는 작은 난관만 있어도 원망을 하는 사람이 많습니다. 그러나 절망적인 상황에서도 희망의 불빛을 찾아 감사하는 사람들도 많지요. 외국 유학이나 박사학위는커녕 취직도 못해 장가도 못 가는 사람들이 허다합니다.

얼마나 감사한 일인가요? 감사는 환경이 아닌 마음에 달려 있습니다. 그 원망생활을 뛰어넘어 감사생활을 하는 것이 마음의 열매인 것입니다. 감사생활을 하면 놀라운 일들이 일어납니다.

일본의 '가와기미 기이찌'라는 해군 퇴역 장교가 있었습니다. 그는 언제나 원망과 불평으로 가득 차 있었지요. 그러다가 그는 전신마비로 인하여 몸이 굳어지는 무서운 병에 걸립니다. 그를 치료하는 주치의가 "당신은 매일 '감사합니다.'란 말을 '하루에 만 번씩' 하세요."라고 권했습니다. 그래서 그는 억지로라도 "감사합니다."라는 말을 했지요.

그러던 중 하루는 그의 아들이 감 두 개를 가져다주는 것을 받습니다. 진심으로 감사하는 마음으로 손을 내밀었습니다. 도대체 이게 웬일입니까? 굳어 있던 팔이 감을 향해 쑥 뻗어 나가는 것이 아닌가요? 온몸이 굳어지는 병이 치료된 것이지요.

이렇게 감사가 넘칠 때 얼굴에 미소가 충만하고 웃음이 만발합니다. 그리고 하는 일도 술술 풀리게 마련인 것입니다.

원망생활을 감사생활로 돌리면 열리는 마음의 열매가 있습니다.

첫째, '사랑의 열매'입니다. 겸손하고 섬기는 마음, 자기 이익만 생각하지 않는 마음, 너그럽고 부드러운 마음, 무조건 베푸는 마음, 그리고 용서하고 감싸주는 마음이 샘물처럼 솟아납니다.

둘째, '기쁨의 열매'입니다. 항상 기뻐하는 마음, 매사에 감사하고 만족하는 마음, 모든 일에 긍정적이고 적극적이며 정열적으로 뛰게 하는 열매입니다.

셋째, '화합의 열매'입니다. 모든 사람과 화합하고 단결하는 마음, 은혜를 입었으면 보은하는 마음, 양 극단에 흐르지 않고 중도·중화·중용의 길을 가는 원융회통(圓融會通)하는 인간이 되는 것입니다.

넷째, '인내의 열매'입니다. 모든 일에 조급하지 않는 마음, 언행에 조심하는 마음, 한결같은 마음, 고난이 왔을 때 능히 참고 이겨낼 수 있는 마음의 힘을 얻는 것입니다.

다섯째, '자비의 열매'입니다. 잘 못하는 사람을 보면 불쌍히 여기고, 잘하는 사람을 보면 기뻐하는 마음입니다. 따라서 잘 못하는 사람에겐 도움을 주고, 잘하는 사람에겐 더욱 잘 되라고 축원을 해주는 마음이지요.

여섯째, '덕화만발의 열매'입니다. 맑고 밝고 훈훈한 마음입니다. 언제나 얼굴엔 춘풍화기(春風和氣)가 감돌아 덕화가 만발하는 아름다운 세상으로 사람들을 이끄는 불보살이 되는 것입니다.

이 세상에는 네 가지 큰 은혜가 있습니다. 그것은 뭐니 뭐니 해도 '천지의 은혜', '부모님의 은혜', '동포들의 은혜', 그리고 '법률의 은혜'입니다. 이 네 가지 은혜가 없으면 인간은 한시도 살아갈 수 없습니다. 그렇다면 이보다 더 큰 은혜는 없는 것입니다. 은혜를 입고도 그 은혜를 갚지 않으면 원망생활을 하게 됩니다. 은혜를 갚아가는 생활을 하면 우리는 감사생활을 할 수밖에 없는 것이지요. 감사생활만 하는 사람은 늘 이 '사은(四恩)'의 도움을 받게 되고, 원망생활만 하는 사람은 늘 미물에게서도 해독을 입게 됩니다. 우리, 감사생활로 마음의 열매를 풍성하게 거두시면 어떨까요?

'다름'과 '틀림'을 넘어

원래 민주주의 국가는 잡음과 갈등이 심합니다. 서로의 의견이 다르고 생각이 다르기 때문이 아닐까요? 만약 생각이 하나로 뭉쳐진다면 말은 그럴싸하고 좋아 보이지만 사실 이런 나라는 북한 같은 독재국가에서나 가능할 것입니다. 잡음과 갈등을 대화와 토론으로 합의하고 서로의 다름을 인정하는 문화가 안착되어야 하는데, 지금의 대한민국은 '다름'을 '틀림'으로 인식하고 대화와 토론이 아닌 '공격'하기 일쑤인 것이 더 큰 문제입니다.

'틀린 그림 찾기'라는 게임이 있습니다. 비슷한 두 개의 그림에서 서로 다르게 그려진 부분을 찾아내는 퍼즐이지요. 어떤 이들은 '틀린 그림 찾기'라는 표현은 '틀렸다'고 얘기합니다. '틀리다'는 '계산이 틀렸다'와 같이 '옳지 않다'는 뜻이기 때문입니다. '틀린 그림 찾기' 게임이 제시하는 두 개의 그림은 어느 한쪽은 맞고 다른 쪽은 틀렸다고 얘기할 수 없습니다. 두 개의 보통 그림에 조금씩 다른 부분이 있을 뿐이지요. 그러니 '다른 그림 찾기'나 '두 그림 중 다른 부분 찾기'라고 써야 하는 것입니다.

최근에 세계적 베스트셀러가 됐던 '마이클 샌델'의 하버드 특강 『정의란 무엇인가』는 하버드 대학교 교수이자 정치철학자로 유명한 그가 지은 정치 철학서입니다. 이 '정의란 무엇인가'에 많은 사람들이 귀를 기울이는 이유는 무엇일까요? 아마 섣부르게 '틀렸다'고 말하지 않고 다양한 입장 차를 존중하기 때문일 것입니다.

'틀리다'는 옳고 그름의 가치 판단을 전제로 한 표현입니다. 그러므로 옳은 것은 지키고 가꿔야 하며, 그른 것은 버리고 배척해야 하는 것이지요. 하지만 '다르다'는 내 편과 네 편을 가르지 않습니다. 따라서 대립과 분열이 생겨날 가능성이 별로 없습니다. 나아가 다름을 받아들일 가능성을 내포하고 있는 것입니다.

우리 같은 평범한 삶과 인간관계에서는 '틀리다'보다 '다르다'라는 판단을 해야 할 경우가 많습니다. 내가 옳고 너는 틀렸다는 성급한 단정에서 불화와 갈등이 시작되기 때문이지요.

원뿔을 보고 한 사람은 위에서 보면서 '동그랗다'고 말하고, 다른 한 사람은 옆에서 보면서 '세모'라고 말합니다. 이것은 '틀린' 것이 아니고 '다른' 것입니다. 그런데 "당신의 말은 틀렸어."라고 되받는 말에서 갈등이 생기는 것입니다. 같은 물체도 보는 각도에 따라 다르게 보임을 인정해야 합니다.

우리 카페에서도 마찬가지입니다. 어느 한쪽은 옳고 다른 쪽은 틀려서라기보다는 상대의 관점이나 입장을 이해하지 못하기 때문에 갈등과 불신이 생깁니다. 유명한 경영학자 '피터 드러커'는 "내가 만일 경청의 습관을 갖지 못했다면 나는 그 누구도 설득하지 못했을 것"이라고 얘기한 바가 있습니다. 서로 다름을 인정하는 것이야말로 훌륭한 리더의 첫 번째 덕목임을 우리에게 일깨워주는 말이 아닐는지요.

우리 사회에는 부분을 전체로 착각하는 생각의 오류, 즉 일반화의 오류를 자주 볼 수 있습니다. 다양성을 존중하지 않고 '다르다'는 것을 '틀리다'라고 생각하고 '차이'를 '차별'로 여기는 경우가 그렇습니다. 이는 자기 자신이 볼 수 있는 범위 내에서만 인식하고 분별하기 때문입니다. 한쪽만을 바라보고 생각하는 편향된 고집으로는 전체를 관조하지 못하는 것입니다. 내가 보는 것만이 유일한 진리가 아니라 다른 사람도 옳을 수 있다는 생각을 염두에 둬야 합니다. 사람의 사고는 경직되고 고정된 것이 아니라 유연해야 합니다. 그렇게 생각한다면 갈등과 분쟁은 포괄적 사실과 진리를 드러내는 기회가 아닐까요?

사회 내에서 다양성이 증가하면 갈등도 늘어납니다. 사회 갈등은 사회 문제가 되기 때문에 다양성 자체를 싫어하는 사람들도 있습니다. 그러나 사회 갈등을 근본적으로 막기 위해 다양성을 인정하지 않고 획일성만 강조하면 오히려 더 큰 사회 문제가 될 수 있습니다.

19세기 아일랜드에서는 감자 흉년으로 100만 명가량이 굶어 죽었다고 합니다. 그 감자 기근의 원인을 학자들이 연구해 보았더니, 수확량을 높이기 위해 한 종류의 감자만 경작한 것이 문제였습니다. 처음에는 이익을 얻었지만, 감자의 유전적 다양성이 없는 상태에서 치명적인 전염병이 돌자 모든 감자가 쉽게 썩어 버렸고, 감자가 사라지자 식량이 부족해져 많은 사람이 죽게 된 것입니다. 이처럼 하나의 가치나 의견만 존재하는 사회는 그것만으로도 사회 전체를 큰 재앙으로 몰고 갈 수 있기 때문에 그 자체가 사회 문제가 될 수 있습니다.

'원융회통'이란 말이 있습니다. 원효대사의 '화쟁사상(和諍思想)'의 핵심으로, 서로 다른 쟁론을 화합해 하나로 소통시킨다는 의미입니다. 그러니까 '원융회통'의 '원'은 '거대한 순환', '융'은 '화합', '회'는 '모임', '통'은 '의사소통'을 뜻합니다. 한마디로 '서로 모여서 소통을 통해 서로 조화를 이루는 것'이라고 할 수 있지요.

그런데 종교나 사회가 이렇게 다름과 틀림을 이해하지 못하고 극한의 대립과 전쟁이 끊이지 않고 있습니다. 진리의 말씀은 하나입니다. 사람들이 서로 틀린 부분을 보기 때문에 여러 종파와 정당들이 생겨나 혼란스럽게 되는 것이지요. 이것을 극복하기 위해서는 말 한마디 한마디에 집착하지 말고 본래 진리의 큰 관점에서 보는 것이 필요한 것입니다.

어떠한 일이 대의에 크게 어긋나거나 큰 손해날 일이 아니거든 지나치게 상대적으로 처사하면 안 됩니다. 나와 다른 견해를 가졌다고 작은 일에 불화하거나 대지르면 큰일에 큰 손해를 볼 수 있기 때문이지요. 져도 큰 손해는 없을 것입니다. 대의를 좇아 2, 3할만 이기면 됩니다. 대인은 이길 능력이 있으면서도 져주고, 소인은 이길 능력이 없으면서도 기를 쓰고 이기려 드는 것입니다.

이렇게 틀림에 집착하지 않으면 대립을 넘어서 중도(中道)로 통할 수 있습니다. '중도'란 좌파와 우파 혹은 보수와 진보의 중간 영역이 아닙니다. 즉, 서로 다른 온갖 가치들을 겸허히 받아들여 조화와 균형을 이루는 가운데 만물이 하나로 소통되는 '원융회통'의 정신인 것입니다.

중도가 정의입니다. 이제 다름과 틀림을 넘어 종교나 사회, 세계가 원융회통과 중도의 길을 향해 달려가는 세상이 되면 얼마나 좋을까요!

신의 손

'신(神)의 손'이라는 말이 있습니다. 1986년 멕시코 월드컵에서 아르헨티나의 디에고 마라도나 '신의 손 사건'에서 비롯된 말인 것 같습니다. 아르헨티나와 잉글랜드는 남대서양 끝에 있는 포클랜드 섬을 두고 오랜 기간 영유권 분쟁을 벌이다 1982년 전쟁을 벌였지요. 결과는 선제공격을 벌인 아르헨티나의 참패였습니다. 전쟁 이후 아르헨티나 국민들의 자존심은 땅에 떨어졌고, 잉글랜드에 대한 분노는 극에 달했습니다.

4년 뒤, 멕시코에서 열린 월드컵에서 대결을 펼치게 된 두 나라, 포클랜드 전쟁 이후 양국 간 첫 축구 맞대결인 만큼 세계 축구팬들의 관심이 집중됐습니다. 제13회 멕시코 월드컵 8강전 '아르헨티나 대 잉글랜드'의 경기가 열린 날, 양 팀 응원단끼리 패싸움을 벌이면서 심상치 않은 분위기가 퍼졌습니다. 이 때문에 경기장엔

경찰들이 배치됐고, 양 팀 선수들도 극도의 긴장감 속에서 경기를 펼치게 됐지요. 특히 아르헨티나 선수들은 포클랜드 전쟁으로 인해 생긴 자국민들의 상처를 회복시켜 주고 싶었습니다.

경기는 시작부터 치열했고, 양 팀은 득점 없이 전반전을 마쳤습니다. 후반 6분, 아르헨티나의 에이스 디에고 마라도나가 공중에 뜬 공을 따내려 잉글랜드 골키퍼와 경합하다 손을 이용해 골을 넣었습니다. 문제는 주심이 이를 제대로 보지 못하면서 득점으로 인정된 것이지요. 잉글랜드 선수들은 심하게 반발했지만 결정은 번복되지 않았습니다. 마라도나가 여기서 그쳤다면 단순히 기행적인 선수로만 기억됐을 것입니다. 하지만 4분 뒤, 마라도나는 불명예스러운 첫 골을 잊게 할 환상적인 골을 성공시킵니다.

그런데 진짜 '신의 손' 얘기가 있습니다. 미국 존스 홉킨스 대학병원에는 '신의 손'이란 별명을 가진 소아신경외과 '벤 카슨' 박사가 있습니다. 그는 오늘날 의학계에서 '신의 손'이라는 별칭이 전혀 어색하지 않을 만큼 세계 최고의 의술을 인정받고 있는 의사입니다.

그가 저명한 의사가 된 데에는 특별한 이력이 있습니다. 첫 번째는 많은 의사들이 수술을 포기했을 정도로 생명의 불씨가 꺼져가고 있던 네 살짜리 악성 뇌암 환자와 만성 뇌염으로 하루 120번씩 발작을 일으키던 아이를 수술하여 완치시킨 일입니다. 두 번째는 1987년에 세계에서 처음으로 머리와 몸이 붙은 채 태어난 샴쌍

둥이를 분리하는 데 성공했습니다. 샴쌍둥이로 태어나 불행한 앞날이 예고되었던 파트리크 빈더와 벤저민 빈더가 카슨 박사의 수술로 인해 새 생명을 얻은 것입니다. 이 수술을 통해 벤 카슨은 '신의 손'이라는 별명을 얻게 되었습니다. 그러나 신의 손을 가진 벤 카슨도 아주 어두운 성장기를 보냈다고 합니다. 어린 시절 그를 보고 지금과 같은 세계적인 의사가 되리라고 생각한 사람은 없었습니다.

벤 카슨은 디트로이트의 빈민가에서 태어나 8세 때 부모의 이혼으로 편모슬하에서 자라면서 불량소년들과 어울려 싸움질을 일삼는 흑인 불량소년에 불과했습니다. 그는 피부가 검다는 이유로 백인 친구들 사이에서 따돌림을 당했고, 초등학교 때에는 항상 꼴찌를 도맡아하는 지진아(遲進兒)였습니다. 초등학교 5학년 때까지 구구단을 암기하지 못했고, 산수시험을 한 문제도 맞추지 못하여 급우들의 놀림감이 되곤 했습니다.

이런 불량소년이 어떻게 오늘날 세계 의학계에서 '신의 손'이라는 칭송을 얻을 만큼 대단한 사람이 되었을까요? 어느 날 그에게 기자가 찾아와서 물었습니다.

"오늘의 당신을 만들어 준 것은 무엇입니까?"

"나의 어머니, 쇼냐 카슨 덕분입니다. 어머니는 내가 늘 꼴찌를 하면서 흑인이라고 따돌림을 당할 때도 '벤, 넌 마음만 먹으면 무엇이든 할 수 있어! 노력만 하면 할 수 있어!'라는 말을 끊임없이 들려주면서 내게 격려와 용기를 주었습니다."

벤 카슨은 그의 어머니가 끊임없이 불어넣어 준 "노력만 하면 무엇이든 할 수 있다."는 말에 사로잡혀 중학교에 들어가면서부터 공부에 집중하기 시작했습니다. 그러자 성적이 오르기 시작해 우등생이 될 수 있었고, 사우스 웨스턴 고교를 3등으로 졸업했으며, 명문 미시간 대학 의대에 입학하여 신의 손을 가진 의사가 되었습니다.

빈민가의 불량소년, 꼴찌 소년, 놀림과 따돌림을 받던 흑인 소년을 오늘의 벤 카슨으로 변화시킨 것은 바로 그의 어머니가 해준 말 한마디였습니다. 말은 보이지 않지만 무한한 창조력과 힘을 가진 인생 최대의 에너지가 아닐까요?

이렇게 사람은 말의 열매를 먹고 삽니다. 말 속엔 크고 놀라운 비밀이 숨겨져 있습니다. 그 말의 놀라운 비밀을 풀어 볼까요?

첫째, 말은 말한 대로 이루어집니다. 그래서 말은 정성스럽게 해야 하는 법이죠. 말은 언제나 긍정적으로 하는 것입니다. 긍정적인 말은 좋은 일을 몰고 오고, 부정적인 말은 불행한 결과를 가져옵니다.

둘째, 자녀에게 좋은 말을 가르쳐야 합니다. 말의 힘이 우리의 자녀를 위대한 사람으로 만듭니다. 바로 우리가 자녀들의 거울입니다. 자녀는 부모를 보면서 자랍니다. 어찌 자녀 앞에서 막말을 할 수 있겠는지요?

셋째, 사랑의 말을 하는 것입니다. 사랑이 가득 찬 의사는 벤 카슨처럼 난치병 환자도 살리는 힘이 생깁니다. 좋은 생각과 사랑의 파동 때문인 것입니다.

넷째, 잘되는 가정은 사용하는 말부터가 다릅니다. 아름답고 홍하는 말, 매사에 긍정적이고 적극적이며 정열적인 말을 합니다. 이것이 우리의 가정을 홍하게 만드는 법입니다.

어떻습니까? 말의 놀라운 비밀이요! 천지만물도 사랑의 말은 통합니다. 죽어가는 화초에게도 "사랑한다." 하고 말하면 살아납니다. 사랑의 말이 사랑을 낳고, 미움의 말이 원망을 부릅니다. 그래서 생각이 깊은 사람은 말을 많이 하기보다는 생각을 합니다. 그러나 생각이 없는 사람은 여러 이야기를 생각 없이 합니다. 밝은 미소로, 침묵으로, 깊이 있는 말로 사랑과 감동을 전할 수 있다면 바로 그것이 아름다움이고 신의 손이 아닐는지요!

숨은 적공

'적공(積功)'이라는 말이 있습니다. 어떤 일에 많은 힘을 들이며 애를 쓰는 것이지요. 그런데 이 적공도 드러내 놓고 하는 사람이 있고, 숨어서 하는 사람이 있습니다.

아주 오래 전에 제가 모 시민단체에 가입해 활동을 할 때였습니다. 세상에 좋은 일 하자고 모인 사람들이 좋은 일보다는 맨날 모여서 도박을 하거나 술판 벌이는 것이 일이었습니다. 어쩌다가 겨울에 연탄 한 차를 달동네에 실어다 주고는 요란하게 사진을 찍고 난리법석을 떱니다. 그 나타내는 적공이 제 생리에 맞지 않아 몇 번 다니다가 탈퇴를 하고 말았습니다.

사람도 마찬가지입니다. 뭐 좀 해놓고 자랑하는 사람을 보면 좋아 보이지 않습니다. 그런데 16년간 열일곱 번째 '소년소녀 가장에 써 달라'는 전주 노송동의 얼굴 없는 천사의 얘기는 얼마나 우리에게 감동을 선사하는지 모릅니다. 지난 연말에도 어김없이 남몰래 A4 용지 박스 안에는 빨간 돼지 저금통 1개와 5만 원권 다발 10개가 놓여 있었는데, 모두 합해 이날 기부금이 자그마치 5천33만 9천810원이었다고 합니다. 그가 지금까지 기부한 돈은 모두 4억 4천764만 1천560원이라네요.

이와 같이 숨은 공덕은 나타난 공덕을 초월합니다. 각자 지은 바대로 모습을 달리하고 있지요. 하지만 천차만별로 벌어진 그 모습들을 가만히 지켜보면 그 누구의 탓도 아닙니다. 각자 자신이 그 동안 심신작용에 따라 지었던 결과인 것입니다.

이처럼 이 세상에 나타나 있는 모든 것들은 보이지 않는 진리(인과, 마음, 심신작용)에 의해 영향을 받고 있습니다. 그리고 나타난 것은 숨은 것과 둘이 아님을 알 수 있지요. 그러기에 우리는 나타난 것을 바라보되 나타나기 이전 소식을 잘 알아차려야 합니다. 즉, 나타난 것을 바라보면서 그 이전 소식을 간파할 수 있는 지혜가 필요하며, 이전 소식에서 모든 것이 나온다는 사실을 알아차려야 합니다. 이렇게 될 때, 나타난 것에 집착하지 않으며 숨은 것에 여여(如如)할 수 있는 심법이 생겨나지 않을까요? 식물도 겨울에 찬 기운이 뿌리로 다 내려가 저장, 함축하였다가 봄에 그 뿌리의 기운에 힘을 얻어 자라는 것입니다. 이처럼 나타나 있는 모든 것은 분명 나타나기 이전의 숨은 것이 원인이 되는 것이 진리입니다. 나타난 것이 숨은 것이요, 숨은 것이 나타난 것입니다. 이 사실을 알게 된다면 우리는 숨은 적공에 정성을 다하지 않을 수 없습니다.

대나무 중에 최고로 치는 '모죽(毛竹)'은 씨를 뿌린 후 5년 동안 아무리 물을 주고 가꿔도 싹이 나지 않는다고 합니다. 하지만 5년이 지난 어느 날, 손가락만한 죽순이 돋아나 주 성장기인 4월이 되면 갑자기 하루에 80cm씩 쑥쑥 자라기 시작해서 30m까지 자랍니다. 그렇다면 왜 5년이란 세월 동안 자라지 않았던 것일까요? 이에 의문을 가진 학자들이 땅을 파 보았더니 대나무의 뿌리가 땅속 깊이 사방으로 수십 미터나 넓게 뻗어 나가 자리 잡고 있더랍니다. 5년 동안 숨죽인 듯이 사방으로 뿌리를 뻗으며 견고하게 내실을 다지고 있었던 것이지요. 그렇게 5년이 경과한 후에야 '모죽'은 당당하게 세상에 그 모습을 드러내는 것입니다.

많은 사람들이 적공을 해도 중도에 쉽게 포기합니다. 하지만 성공한 사람들에게는 포기를 모른다는 공통점이 있습니다. 그들에게는 실패와 고생을 거듭해도 분명 성공할 날이 올 것이라는 긍정적 사고로 차곡차곡 내실을 다지는 시간이 있었습니다. 지금의 시간이 미래의 성공을 위한 밑거름이 된다고 확신했기 때문입니다.

아무리 열심히 노력해도 발전은 없고 언제나 제자리걸음이라고 생각하여 포기하고 싶을 때, '모죽'이 밖으로 모습을 드러내고 무섭게 자라기 시작하기 위한 5년의 숨은 적공을 본받아 고난의 시간을 견뎌 내야 합니다. 그런다면 언젠가는 '모죽'처럼 쑥쑥 자라는 미래의 성공이 오지 않을까요?

숨은 적공에는 '자수(自修)', '자각(自覺)', '자립(自立)'의 세 가지가 있습니다.

그 첫째는 '자수'입니다. 자수는 생활 속에서 바른 표준을 세워 스스로 닦아 나가자는 것입니다. 일관된 정성을 들이면 마침내 도력이 쌓여 세상의 큰 스승이 되는 것이지요.

둘째는 '자각'입니다. 일과 이치로 천만사물을 접하고 대할 때, 서로 배우고 익히며 생각하고 연마하는 것입니다. 꾸준히 노력하면 마음 하늘[心天]에 지혜의 태양[慧日]이 솟아 시방세계에 밝은 빛을 비칠 수 있는 것입니다.

셋째는 '자립'입니다. 개인이나 교단이나 국가나 세계를 막론하고 정신, 육신, 물질의 모든 생활에서 자력을 갖는 것입니다. 이렇게 자립의 힘이 세상에 넘쳐흐를 때, 바로 인류사회에 큰 보은이 되는 것입니다.

지혜 있는 사람은 지위의 고하를 막론하고 거짓 없이 그 일에만 충실하는 것입니다. 그래서 시일이 갈수록 그 일과 공덕이 찬란하게 드러나는 것입니다. 반대로 어리석은 사람은 그 일에는 충실하지 아니하면서 이름과 공(功)만을 구하므로 결국 이름과 공이 헛되이 없어지고 마는 것이지요.

어떻습니까? 무슨 일에나 공을 쌓으려면 숨은 적공을 하는 것입니다. 연탄 한 차 실어다 주고 현수막을 내걸며 사진이나 찍고 신문에 내고 야단법석을 떠는 행위는 적공이 아닙니다. 우리, 적공을 하려면 스스로 그 적공이 빛을 발할 때까지 숨어서 적공 적공 대적공을 하면 어떨까요?

성공의 열쇠

세상 살아가기가 만만치 않습니다. 그 만만치 않은 조건들을 뛰어넘어 인생의 성공을 거두려면 무엇을 삼가야 할까요?

저는 본래 단점이 많은 사람입니다. 그 단점을 극복하고 지금 이 자리에 설 수 있었던 것은 언제나 몸을 삼가고 마음을 정화시키려고 무진 애를 쓴 덕분일 것입니다. 우리, 그 삼가야 할 것들을 한번 알아보시면 어떨까요?

첫 번째, 몸의 단점 지적을 삼가는 것입니다. 타인의 신체에 대해 함부로 말하면 안 됩니다. 그렇게 지적하는 것은 원만한 대인관계를 해치는 일이며, 반대로 남들이 우리의 신체적 단점을 찾기 위해 애쓰게 되는 동기를 제공해 주는 일이 되는 것입니다.

두 번째, 욕을 삼가는 것입니다. 욕은 최대한 삼가야 합니다. 많은 사람들에게 상처를 주고도 죄책감을 느끼지 않게 되며, 많은 친구들이 떠나가게 되어 외로움에 빠지게 될 것입니다.

세 번째, 목소리를 삼가는 것입니다. 누군가 목소리를 높이거든 우리는 그만큼 목소리를 낮춰야 합니다. 그러면 더 이상 언성이 높아지지 않으며, 싸움은 기름이 떨어진 등불처럼 사라져 갑니다.

네 번째, 동지를 소홀히 하면 안 됩니다. 사랑을 위해 우승은 포기되기도 하지만 사랑을 잃었을 때 내게 남을 수 있는 것은 역시 친구나 동지밖에 없습니다.

다섯 번째, 표정을 삼가는 것입니다. 사소한 일에 심각한 표정을 지으면 안 됩니다. 자주 굳은 얼굴을 하다 보면 정작 진정으로 심각할 땐 아무도 거들떠보지 않게 됩니다. 그냥 웃으면 탈이 없습니다.

여섯 번째, 감사생활을 하는 것입니다. 항상 "감사합니다."라고 말하는 것입니다. '원망생활'까지 '감사생활'로 돌리는 것이지요. 그러면 감사생활을 하는 사람은 복이 굴러오고, 원망생활 하는 이는 재앙을 부릅니다.

일곱 번째, 두 사람이 아울러 말하는 것을 삼가는 것입니다. 다른 사람의 말이 끝나기 전에 말하면 안 됩니다. 의사소통이 제대로 이루어질 수 없을 뿐만 아니라 사람들의 분노와 노여움을 사게 됩니다.

여덟 번째, 이름 외우기를 습관화시키는 것입니다. 만나는 사람들의 이름을 외우는 것입니다. 단어 하나를 외운 것은 책을 읽는 데 거의 도움이 안 되지만, 사람의 이름 하나를 외운 것은 그 사람을 이해하는 데 절대적인 영향을 줍니다.

아홉 번째, 고개를 숙이는 것입니다. 일단은 고개를 숙이는 것입니다. 겸양 이상의 미덕은 없습니다. 습관화된 겸양이 인생을 순탄하게 살아갈 수 있도록 하는 가장 요긴한 도구가 될 것입니다.

열 번째, 신뢰를 잃으면 안 됩니다. 곧 믿음을 잃지 않는 것입니다. 우리가 천재지변으로 모든 재산을 잃었을 때, 그래도 우리에게 유일하게 남아 있는 것이 있다면 그건 바로 신용일 것입니다. 신용이 재산입니다.

열한 번째, 점쟁이를 찾아가지 않는 것입니다. 아무리 답답해도 점쟁이를 찾아가면 안 됩니다. 점쟁이도 자신이 언제 아플지 몰라 의료보험에 들고, 언제 죽을지 몰라 생명보험에 듭니다.

열두 번째, 의견 대립을 삼가는 것입니다. 나와 의견이 다르다고 해서 그 사람을 미워하면 안 됩니다. 의견은 다양할수록 더 좋은 방향의 결과를 도출할 수 있고, 서로를 발전시켜 나갈 수 있는 것입니다.

열세 번째, 높은 지위에 오를수록 삼가는 것입니다. 높은 지위에 있다고 높은 지위의 사람하고만 어울리면 안 됩니다. 그 높은 자리에서 내려오고 나면 주위에 아무도 없을 것입니다.

열네 번째, 화가 날 때는 한 번 멈추는 것입니다. 화가 날 때, 잊을 수 있으면 잊으면 됩니다. 참을 수 있으면 참는 것입니다. 그리고 슬프면 울어도 됩니다. 그러나 화가 날수록 한 번 멈추고 마음을 바라봅니다.

열다섯 번째, 어려운 일에 함께 울어 주는 것입니다. 기쁜 일에 축하해 주는 사람은 기억 속에서 스쳐갈 뿐이지만, 슬픈 일에 울어 주는 사람은 마음속에 남습니다. 경사스러운 일엔 다소 소홀하더라도 어려운 일은 우선적으로 챙깁니다.

열여섯 번째, 짜증내는 것을 삼가는 것입니다. 남을 보고 웃는 것은 나에게 웃음으로 돌아오지만, 남을 보고 짜증내는 것은 나에게 화로써 돌아옵니다. 웃는 사람이 행복합니다.

열일곱 번째, 말을 삼가는 것입니다. 함부로 말하면 안 됩니다. 내가 어떤 사람을 헐뜯고 있을 때 그것 자체가 나를 헐뜯고 있는 것입니다. 입은 잘 쓰면 '복문(福門)'이고 잘못 쓰면 '화문(禍門)'이 됩니다.

열여덟 번째, 계율을 지키는 것입니다. 자연은 사계절의 규칙에 따라 꽃이 피고, 열매 맺고, 낙엽이 집니다. 수행인에게는 계율이 있습니다. 계율을 지킬 때만이 우리 인생이 순단한 성공을 이룰 수 있는 것입니다.

어떻습니까? 어찌 우리 인생의 성공을 거두는 법이 이 열여덟

가지에 그치겠습니까? 그러나 이중 절반이라도 실천에 옮기면 얼마나 우리 인생이 빛날까요? 모든 일을 '화(和)'와 '유(柔)'로써 하면 능히 '강(剛)'을 이길 수 있고, '촉(觸)' 없이 그 일을 성취할 수 있는 법입니다. 우리, 이 성공의 열쇠로 행복 문을 열어 보시지요!

대인은 이길 능력이 있으면서도 져주고,
소인은 이길 능력이 없으면서도
기를 쓰고 이기려 드는 것입니다.

깊고

덕화만발德華滿發

덕산 김덕권 에세이

비전 상실 증후군

'비전(Vision)'이란 무엇일까요? 사전에는 "내다보이는 미래의 상황"이라고 쓰여 있습니다. 그런데 요즈음 우리들은 '비전 상실 시대'를 겪고 있다고 합니다. 그 '비전 상실 증후군'은 무엇인지 한 번 알아봅니다.

'비전 상실 증후군(Boiled frog syndrome)'은 미국 코넬 대학교의 실험실에서 있었던 일입니다. 개구리 한 마리를 차가운 물이 담긴 비커에 넣었습니다. 비커 밑에는 분젠등을 놓고 1초에 화씨 0.017도씩 물이 데워지도록 불꽃을 아주 작게 해 놓았습니다. 온도가 서서히 높아지기 때문에 개구리는 온도의 변화를 눈치채지 못했습니다. 마음만 먹으면 당장이라도 비커에서 뛰어올라 안전한 곳으로 갈 수 있음에도 개구리는 태평스럽게 앉아 있었습니다. 온도는 0.017도씩 올라가는데, 개구리는 여전히 비커 속에서 빠져 나올 생각을 하지 않았습니다. 두 시간 반쯤 지난 뒤, 개구리는 어떻게 되었을까요? 개구리는 뜨거운 물에 푹 삶아져서 죽어 있었습니다. 자기도 모르게 죽은 것입니다. 자기가 죽어가는 것도 느끼지 못하고 있다가 그대로 삶아진 것입니다.

프랑스에는 '그르늬이(Grenouille)'라는 유명한 삶은 개구리 요리가 있다고 합니다. 이 요리는 손님이 앉아 있는 식탁 위에 버너와 냄비를 가져다 놓고 직접 손님이 보는 앞에서 개구리를 산 채로 냄비에 넣고 조리하는 것이지요. 이때 물이 너무 뜨거우면 개구리가 펄쩍 튀어나오기 때문에 맨 처음 냄비 속에는 개구리가 가장 좋아하는 온도의 물을 부어 둡니다. 그러면 개구리는 따뜻한 물이 아주 기분 좋은 듯 가만히 엎드려 있지요. 그러면 이때부터 매우 약한 불로 물을 데우기 시작합니다. 아주 느린 속도로 서서히 가열하기 때문에 개구리는 자기가 삶아지고 있다는 것도 모른 채 기분 좋게 잠을 자면서 죽어가게 됩니다.

사람도 마찬가지입니다. 당장 먹고사는 걱정은 없으니까, 그래도 웬만큼 배우고 돈도 좀 벌었으니까, 다른 사람보다 아름답고 잘생겼다는 말을 자주 듣고 있으니까, 또 친구도 많고 큰 걱정거리가 있는 것도 아니니까 이만하면 되겠지 하는 안일한 생각에 빠져 지금 자기가 어디에 있으며 어디로 가는지도 모른 채, 그럭저럭 하루하루를 보내고 있는 것 아닌가요? 그것은 마치 자기를 요리하는 물이 따뜻한 목욕물이라도 된다는 듯이 편안하게 잠자다

죽어 가는 개구리의 모습과 별로 다름이 없어 보입니다.

로마제국이나 통일신라가 멸망한 것은 외부의 침략 때문이 아니었다고 합니다. 국민의 마음을 사로잡는 비전이 사라짐으로써 서로 단결하지 못하고, 목적과 목표의식이 없어져 그냥 내부에서 저절로 무너진 것입니다.

이렇게 비전 상실 증후군은 우리를 개구리처럼 삶아 대고 있는 것입니다. 그 비전을 창출하지 못하면 우리도 70년을 땀 흘려 이룩한 이 번영이 죽는지도 모르고 삶아지는 '개구리 신세'를 면치 못할 것입니다. 비전은 조직과 나라의 미래를 창출합니다.

IBM을 창시한 톰 왓슨은 IBM의 성공에 자신이 기여한 바가 무엇인가 하는 질문에 다음과 같이 대답했다고 합니다.

IBM이 오늘에 이르게 된 데는 세 가지 특별한 이유가 있다. 첫째, 처음 사업을 시작할 때부터 이 사업이 어떤 모습으로 성공해 있어야 하는가에 대한 분명한 그림을 그리고 있었다. 나의 꿈, 나의 비전이 어떤 모습으로 이루어져야 하는지에 대하여 사업 초기부터 생각하고 있었다. 둘째, 일단 사업의 미래에 대한 그림을 그린 후에는, 그런 기업은 어떤 식으로 움직여야 하는가에 대한 질문을 나 자신에게 던졌다. 그리고 IBM이 성공한 기업으로서 해야 하는 바에 대한 그림을 그렸다. 셋째, IBM이 위대한 기업이 되기 위해서는, 그렇게 되기 훨씬 이전부터 위대한 기업들이 하는 것처럼 행동해야 한다는 것을 알았다. 처음부터 IBM

은 나의 비전에 의해 만들어졌고, 매일 우리는 그 비전을 이루기 위해 열심히 노력했다. 하루의 일과가 끝나면 우리는 그날의 업무를 돌아보며 우리가 궁극적으로 목표로 하는 것과 현재 우리가 처한 위치의 차이를 인식했고, 다음 날 아침이면 그 차이를 줄이기 위해 단단히 각오를 가지고 일을 시작했다.

리더십은 누구나 가지고 있지만 극소수의 사람만이 이용하는 기술 창고와 같습니다. 리더십은 누구나 배울 수 있으며, 누구에게나 가르칠 수 있고, 누구도 거부하지 않습니다. 그러나 미래 사회는 각 개인 하나하나가 리더가 되어야 합니다. 이렇게 리더십을 가지기 위한 네 가지 전략이 있다고 합니다.

첫째, 비전을 통한 관심 집중입니다. 비전을 통해 관심을 집중한다는 것은 '초점을 맞추는 것'입니다. 비전은 활력과 영감을 주어 목적을 행동으로 전환시킵니다. 그 하나 됨의 초점이 비전을 통한 관심의 확보입니다.

둘째, 커뮤니케이션을 통한 의미 추구입니다. "꿈을 꿀 수 있다면 그것을 이룰 수 있다.", 이 말은 디즈니월드의 현판에 새겨져 있다고 합니다. 도취할 만한 비전과 고귀한 목표는 얼마든지 많습니다. 그러나 그것을 커뮤니케이션하지 않고서는 아무것도 달성할 수 없습니다.

셋째, 포지셔닝(Positioning)을 통한 신뢰 구축입니다. 신뢰는 조직을 움직이게 하는 윤활유입니다. 신뢰는 책임과 예측성, 신빙성을 포함하며, 조직을 결집시키는 접착제인 것이지요. '포지셔닝'이란, 리더가 비전을 실행에 옮기는 데 필요한 행동의 집합입니다. 비전이 '아이디어'라면 포지셔닝은 리더가 설정한 '틈새'를 말합니다. 그리고 더욱 중요한 것은, 리더십은 포지션을 설정하고 그 과정을 유지함으로써 신뢰를 구축하게 된다는 것이지요.

넷째, 긍정적 자존심을 통한 자기 관리입니다. 리더십은 본질적으로 인간의 문제입니다. 성공하는 리더의 핵심 요소는 자신을 창의적으로 관리하는 것입니다. 이를 위하여 자신의 깊은 내면, 즉 '긍정적 자존심'을 이끌어 내는 것이지요.

어떻습니까? 맑고 밝고 훈훈한 세상을 이끌어 가려면 리더십이 필요합니다. 비전을 제시하고 리더십을 발휘해야 합니다. 우리가 '비전 상실 증후군'에 빠지면 비커 속 개구리 신세가 되기 쉽습니다. 우리 모두가 주인이고 리더임을 잊으면 안 되겠지요!

무너진 천재

머리 좋은 사람들을 보면 무척 부럽습니다. 저는 머리가 둔해 머리 좋은 사람처럼 매사에 약삭빠르지가 못합니다. 게다가 숫자를 보면 골치부터 지끈지끈합니다. 숫자 개념이 약해 남에게 잘 당합니다. 사업도 크게 성공해 본 적이 없습니다. 그래서 저는 성공의 수단으로 '지성여불(至誠如佛)'을 택했습니다. 그저 황소처럼 뚜벅뚜벅 온갖 정성을 다하며 가는 것이지요.

오래 전 일본 최고의 명문 공대를 수석으로 졸업한 천재 학생이 공부를 더 하라는 교수와 선배들의 권유를 뿌리치고 회사에 취업하기 위해 '마쓰시다 전기회사'에 입사 지원서를 접수시켰습니다. 그는 지금까지 수석을 놓친 적이 없고, 항상 남보다 우수한 성적으로 주위 사람들의 부러움을 샀던 천재 학생이었기에 공부를 포기하고 취업을 하겠다고 할 때, 사람들은 남들이 이해 못 하는 숨은 뜻이 있을 거라고 생각했지요.

합격자를 발표하는 날, 천만 뜻밖에 합격자 명단에는 그 천재의 이름이 빠져 있었네요. 그는 몇 번이고 확인했지만 분명히 자신의 이름이 없었습니다. 지금까지 살아오면서 단 한 번도 일등을 놓친 적이 없는 그가 분명히 수석으로 합격될 것으로 자신했건만, 수석은커녕 합격자 명단에도 오르지 못한 것입니다.

당당한 모습으로 발표를 기대했던 그는 풀이 죽은 채 환호하는 합격자와 합격자 가족들을 뒤로하고 핏기 없는 얼굴로 힘없이 집으로 발길을 돌렸습니다. 집에 돌아온 그는 그날 저녁, 평생 처음 맛보는 불합격에 따른 좌절과 절망감을 이기지 못하고 다량의 수면제를 복용하고 잠이 들었다가 영원한 잠에 빠지고 말았습니다.

다음 날 아침, 이미 숨을 거둔 그를 발견한 가족들이 큰 슬픔에 빠져 오열하고 있을 때 긴급 전보로 '합격 통지서'가 도착했습니다. 그는 자신이 예상한 대로 다른 사람보다 월등한 실력으로 합격했던 것입니다. 수석으로 합격했기 때문에 일반 합격자 명단에 넣지 않고 따로 적어 놓았던 그의 이름을 전산 실무자의 실수로 합격자 명단에서 빠뜨리게 되었던 것입니다.

당시 이 사건은 일본 사회에 큰 화제가 되었으며, 회사의 실수로 천재를 죽였다는 비난 보도가 연일 쏟아졌습니다.

세월이 흘러 사건이 잠잠할 무렵, 한 기자가 그 회사 회장인 마쓰시다 고노스케를 찾아가 인터뷰를 하면서 그 사건에 대한 의견을 물었습니다. 총수는 회사의 실수로 사회적 물의를 일으킨 점에 대해 깊이 사과했습니다. 그러면서 이렇게 말했습니다.

"장래가 촉망되는 청년의 죽음은 참으로 안타까운 일입니다. 그러나 우리 회사 입장에서는 차라리 다행스런 일입니다."

뜻밖의 말에 기자가 그 이유를 묻자 총수는 말했습니다.

"단 한 번의 실패를 이겨 내지 못할 정도로 심약한 사람이라면 이 다음 중역이 되었을 때, 만약 회사가 위기에 봉착한다면 모든 것을 쉽게 포기함으로써 회사를 더욱 위기에 빠뜨리고, 전 사원의 삶이 걸려 있는 회사를 비극으로 끝을 맺는 우를 범할 수 있지 않겠습니까?"

우리는 동서고금의 역사를 통해 지도자나 리더의 그릇된 판단으로 나라가 망하고 수많은 백성들이 곤경에 빠지는 것을 듣고 배웠습니다. 개인의 삶은 자신이 선택하는 것이지만 국가나 회사 경영을 맡은 지도자나 리더는 많은 사람의 운명을 좌우하는 것이기에 실패를 이겨 낼 능력이 없는 사람이라면 스스로 지도자나 리더가 되어서는 절대 안 되는 것입니다.

맨발의 기관차 아베베 비킬라(Abebe Bikila : 1932~1973)는 마라톤의 천재였습니다. 1960년 9월 10일 로마올림픽 마라톤 경기장, 로마의 개선문을 통과하는 영광의 우승자를 초조하게 기다리는 관중들, 잠시 후 제일 먼저 들어선 사람을 보고 사람들은 어리둥절해하기 시작했습니다. 검은 피부에 깡마른 체구, 더구나 맨발

이기까지 한 아베베 비킬라 때문이었지요. 한 번도 이름을 들어보지 못한 선수였습니다. 그 때문에 주최 측 또한, 이름을 두 번이나 정정하며 우왕좌왕했습니다. 한국전쟁 참전용사였던 에티오피아 황실 근위병 아베베는 2시간 15분 16초 세계 신기록을 세우며 세계 마라톤계에 혜성처럼 등장한 것입니다. 아프리카 흑인 최초의 올림픽 금메달이었고, 또 25년 전 조국 에티오피아를 침공한 이탈리아에 대한 멋진 설욕이기도 했습니다. 그리고 1964년 10월 21일, 아베베 비킬라는 도쿄올림픽에서도 2시간 12분 11초를 기록하여 역시 세계 신기록으로 또 한 번의 우승을 차지합니다.

셀라시에 에티오피아 황제는 이 '맨발의 영웅'을 일등병에서 중위로 수직 상승시키고, 자동차를 하사했습니다. 아베베는 세계적인 유명 인사가 되었습니다.

그러나 1969년 3월, 탄탄대로를 달리던 그의 인생에 큰 시련이 닥칩니다. 그는 4년 뒤의 멕시코 올림픽에서도 자기는 우승한다고 호언장담했지요. 코치의 말도 안 듣고 연습도 잘 하지 않았습니다. 그는 스스로 '마라톤의 천재'라고 하면서 멕시코 씨티는 해발이 높아 자기에게 더 유리하다고 큰소리까지 쳤습니다. 연습장까지 매일 아침 맨발로 달려가던 아베베는 이제 새 차를 운전하고 가는 선수가 되었습니다. 그는 유명 인사들의 파티에도 초대를 받아 술을 마시는 일이 잦아졌고, '천재'라는 자부심 때문에 연습도 제대로 하지 않고 출전했다가 멕시코에서는 낭패를 보았습니다.

아베베는 도중에 기권하여 '영웅'의 자리에서 물러날 수밖에 없었습니다.

이제는 '셀라시 황제의 나라 영웅'을 누구도 환영하지 않았습니다. 몇 년 전까지만 해도 영웅이던 이 사나이는 설상가상으로 교통사고까지 나 하반신이 마비되어 쓸모없는 인간이 되었습니다. 그 후, 아베베는 장애인들을 위하여 도움이 되는 일을 하고 싶어 하다가 개썰매 경주에 출전하여 금메달을 차지하였습니다. 하지만 그는 뇌졸중으로 쓰러져 1973년에 세상을 떠났습니다. 아베베는 그때 마흔한 살이었다고 합니다.

어떻습니까? '자만'은 결국 '파멸'로 이어집니다. 오만으로 똘똘 뭉친 마라톤의 천재나 한 번의 시련도 참지 못하고 무너진 천재가 '지성여불(至誠如佛)'의 정신으로 무장하고 달려가는 둔재를 이길 수 있을까요?

결심은 특이하게 하고, 처신은 평범하게 하는 것입니다. 우리, '원(願)'은 큰 데에 두고 '공(功)'은 작은 데서부터 쌓는 것입니다. 그리고 대우에는 마음 쓰지 말고 공덕 짓기에만 힘을 쓰면 큰 공과 큰 대우가 돌아오게 마련이지요!

오만의 끝

'오만(傲慢)'이란, 방자하고 잘난 체하여 건방지다는 말입니다. 그 오만방자한 것 때문에 사람도, 조직도 여지없이 무너지는 것을 많이 봅니다. 우리가 인생을 살아가면서 결코 오만해서는 안 됩니다. 오만은 만병의 원인이기 때문입니다. '오만'은 치료가 불가능한 불치의 병으로, 불행을 초래하는 지름길입니다. 인간이 오만과 교만을 버리고 자신을 알고 분수를 지킨다는 것만큼 중요한 일도 없습니다. 그것은 자신의 행복을 찾는 가장 순수하고 아름다운 삶을 찾는 거룩한 행위지요.

옛날 명나라의 개국공신으로 제갈공명과 쌍을 이룬다는 유기(劉基 : 1311~1375)는 교만과 오만의 극치에서 참다운 사람으로 변신한 사람입니다. 그 이야기의 제목이 '전무후무제갈무후(前無後無諸葛武侯)'로, 앞에도 없고 뒤에도 없는 제갈공명이라는 뜻입니다.

유기는 제갈공명을 과소평가했습니다. 자기는 천하통일을 하여 명나라를 세웠지만 제갈량은 삼분천하(三分天下)밖에 못했기 때문이지요. 어느 날 유기는 제갈량의 사당엘 가 보았습니다. 사당 앞에 하마비(下馬碑)가 있는데, 유기는 제갈량을 대수롭지 않게 보았기 때문에 하마비에서 내리지 않고 그냥 지나치려고 하였습니다. 그런데 하마비 앞에 이르자 말이 옴짝달싹 못하는 것이었습니다. 할 수 없이 유기는 말에서 내려 시자(侍者)에게 말발굽 밑을 파 보도록 했습니다. 그랬더니 그곳에서는 유기를 훈계하는 듯이 "때를 만나면 천지도 모두 함께 힘을 도와주지만, 운수가 없으면 영웅의 계략도 있으나 마나다(時來天地皆同力 運去英雄不在謀)."라고 쓰인 종이쪽지가 나온 것입니다. 유기는 머리를 얻어맞은 듯이 정신이 번쩍 들었지요.

제갈량을 얕보았다가 당하고 난 유기는 얼떨떨한 속에 공명의 사당 참배를 마치고 묘소를 찾았습니다. 그러나 유기는 곧 머리를 갸우뚱했습니다. 뒤편 제왕의 자리를 두고 그보다 못한 곳에 묘터를 잡은 공명을 역시 얕잡아 보고 참배를 마치고 돌아서는데, 이번에는 무릎이 땅에서 떨어지지 않는 것이었습니다. 시자를 시켜 그 자리를 파 보니, "충신은 죽어서도 제왕의 곁을 떠나지 않는 법이다(忠臣不離君王側)."라는 글이 나왔습니다. 즉 "내가 어찌 묘자리를 모를까? 죽어서도 제왕을 모시기 위하여 이곳에 묻혔음을 알라."라는 말이 유기의 귀에 들리는 듯한 것입니다. 그 자리에서 유기는 한숨을 푹 쉬었습니다. "유사 이래 현세에 이르기까지 공명만한 사람 없고, 역사가 이어지는 영원한 앞날에도 공명만한 사람은 없을 것이다(前無後無諸葛武侯)."라고 말하고, 마침내 제갈공명에게 머리를 숙였습니다. 그리고 지난날의 교만했음을 부끄럽게 여겼다고 하는 얘기입니다.

'겸손'은 자기 자신을 낮추고 남을 높이는 태도를 말합니다. 겸손하여 자기를 낮춘다는 것은 자신의 능력이나 공덕 등 자신의 모든 것을 내세워 자랑하지 않는 태도입니다. 그리고 남을 높인다는 것은 남의 능력이나 공덕 등 모든 것을 높이거나 귀하게 평가해줌으로써 칭찬하는 태도입니다. 심지어 남의 잘못이나 부족한 것에 대해서조차도 이해해 주려는 너그러운 마음의 발현까지를 일컫는 것이 겸손입니다. 겸손의 반대말로 교만, 거만, 오만, 자만 등이 있습니다.

옛날 한 나그네가 송나라에 갔습니다. 날이 저물어 여관에 들게 되었지요. 눈치를 보니 여관 주인이 첩을 둘이나 데리고 사는데, 한 여자는 매우 미인이고 다른 한 여자는 못생긴 여자였습니다. 그런데 이상하게도 못생긴 여자가 여관 주인의 사랑을 더 받고 있는 것이 아닌가요? 미인은 오히려 박대(薄待)를 받고 있었습니다. 이상하게 생각한 나그네는 여관 주인에게 물었습니다.

"여보 주인양반, 내가 볼 때에 그 여자는 못생겼는데 어찌 잘생긴 저 여자보다 당신의 사랑을 더 받고 있으니 궁금하오."

그러자 여관 주인이 말했습니다.

“저 여자는 미인은 미인인데 스스로 미인인 체하기 때문에 나는 그 여자의 아름다움을 모르겠습니다. 그러나 저 여자는 얼굴은 못생겼지만 제 스스로 못난 구석을 알고 처신하기 때문에 못생긴 것이 오히려 예쁘게 보이기 때문이지요.”

가끔 얼굴값을 한다고 시건방을 떠는 사람이 있습니다. 그리고 지위가 좀 높다고 어깨에 힘을 주기도 하며, 교만한 눈빛으로 남을 무시하는 사람도 있습니다. 또한 별로 떳떳지 못한 돈푼이나 긁어모았다고 없는 사람 깔보거나 몇 푼 쥐어주고 나서 엄청난 일을 한 것처럼 우쭐해하는 사람도 있지요. 또 글깨나 읽었다고 사람들 앞에서 거만을 떠는 사람도 있습니다.

오만과 겸허(謙虛)! 안다는 것은 무엇이고, 또 모른다는 것은 무엇인가요? 스스로 남보다 더 안다고 생각하면 오만해지기 쉽습니다. 그리고 스스로 남보다 더 모른다고 생각하면 겸손해질 수도 있습니다. 오만과 겸손은 많이 알고 모르는 데 있는 것이 아니라 마음을 어떻게 쓰느냐에 달려 있는 것입니다.

오만의 끝은 멸망입니다. 겸양 이상의 미덕은 없습니다. 우리, 오만을 버리고 겸손과 겸양의 덕을 길러가면 어떨는지요?

모자람의 미학

'모자람'은 기준에 미치지 못하거나 또는 그런 것을 의미합니다. 사람들은 넘치는 사람을 좋아하지 않는 것 같습니다. 오히려 모자라는 것을 좋아하지요. 왜냐하면 힘은 모자람에서 나오기 때문일 것입니다. 동물은 배가 고파야 움직입니다. 그래야 동기가 생기고 따라서 힘이 생깁니다. 사람들 역시 바로 이 모자람에서 향상하려는 힘이 생길 것입니다. 그러므로 모자람은 축복인지도 모릅니다.

사람은 자신의 모자람을 발견하면 자괴심(自愧心)에 빠져드는 이가 있는가 하면 모자람을 채우기 위해 분발하는 사람도 있습니다. 넘치는 것이 꼭 복이 아닌 것처럼, 모자란 것이 불행도 아닙니다. 차라리 모자람을 기회로 삼지 못하는 것이 불행일 수 있습니다.

'계영배(戒盈杯)'라는 술잔이 있습니다. 이 술잔은 '넘치고 지나침을 경계'하는 고대 중국에서 제천의식 때 사용하던 의기(儀器)였습니다. 이 계영배에 아무리 술을 따라도 넘치지 않습니다. 왜냐하면 70% 이상 따르면 술이 전부 빠져나가기 때문입니다. 우리 인생도 마찬가지입니다. 술도 70%만 따르고, 말하고 싶은 것도 70%만 말하고, 가지고 싶은 것도 70%만 갖는 것이 좋습니다. 지나침은 모자라는 것만 못한 것입니다. 욕심과 자만심은 누르고, 내가 틀릴 수 있다는 생각으로 남의 말에 귀 기울이고, 남의 좋은 의견은 받아들입니다. 그리고 성공했을 경우 공을 나누는 그런 겸손을 가르치는 것이 계영배의 의미인 것입니다.

요즘, 자식들을 너무 부족함 없이 키웁니다. 항상 조금 부족해야 자기 속에 내재된 힘을 꺼내어 쓸 수 있는데도 그런 기회를 자식들에게 주지 않습니다. 그렇게 키우는 아이들을 '소황제(小皇帝)'라 하던가요? 이와 같이 부족함 없이 자란 아이들이 조금만 어려움에 부닥쳐도 이겨 내지 못하는 것은 어쩌면 당연한 일인지도 모릅니다.

힘은 부족함에서부터 옵니다. 많이 배우고 잘나가는 사람보다 철저하게 망가지고 바닥까지 떨어져 본 사람이 인생의 참맛을 알 수 있습니다. 자신의 부족함을 알 때, 우리는 그 부족함을 부족함으로 받아들이지 않고 우리 안에 어떤 힘이 있는지를 알 수 있는 좋은 기회로 받아들여야 합니다.

플라톤이 말하는 행복의 조건이 있습니다. 그 조건은 완벽하고 만족할 만한 상태에 있는 것들이 아닙니다. 조금은 미흡하고 모자란 상태입니다. 재산이든 외모든 명예든 모자람이 없는 완벽한 상태에 있으면 바로 그것 때문에 근심과 불안과 긴장의 생활을 하게 될지도 모릅니다. 적당히 모자란 가운데 그 부족한 부분을 채우기 위해 노력하는 나날의 삶 속에 행복이 있다고 플라톤은 생각했습니다.

행복은 자기가 하고 싶은 일을 하며 살되, 만족할 줄 아는 사람에게 찾아옵니다. 왜냐하면 행복은 물질적 풍요가 가져다주는 것이 아니라 만족할 줄 아는 마음에서 생기기 때문입니다. 그 행복의 조건을 한번 살펴볼까요?

첫째, '재산'입니다. 재산이 너무 많으면 화(禍)를 불러올 수 있습니다. 그저 먹고살 정도의 수준에서 조금 부족한 듯한 재산만 가지면 행복합니다.

둘째, '용모'입니다. 미인박명(美人薄命)이라 했습니다. 너무 용모가 뛰어나면 팔자가 거셀 수도 있습니다. 그저 사람들이 칭찬하기에 약간 부족한 정도의 용모가 행복합니다.

셋째, '명예'입니다. 명예가 너무 빛나면 사람들의 시기와 질투를 불러오기 쉽습니다. 그저 자신이 자만하고 있는 것에서 절반 정도 알아주는 명예만 가져도 행복합니다.

넷째, '건강'입니다. 건강이 넘치면 엉뚱한 생각을 하기 쉽습니다. 남과 겨루어서 한 사람에게는 이기고 두 사람에게는 질 정도의 건강이면 행복합니다.

다섯째, '언변'입니다. 말이 많으면 공산당이라 했습니다. 약간 어눌하고, 나의 연설에 청중의 절반 정도는 박수를 치지 않을 정도의 언변이면 행복합니다.

어떻습니까? 이 정도면 조금은 부족해도 행복하기에는 부족함이 없지 않을까요? 무릇, 가난이라 하는 것은 무엇이나 부족한 것을 이르는 것입니다. 얼굴이 부족하면 '얼굴 가난'이요, 학식이 부족하면 '학식 가난'이요, 재산이 부족하면 '재산 가난'입니다.

그 가난을 면하는 방법이 '안분(安分)'입니다. '안분'이라 함은 어떠한 방면으로든지 나의 분수에 편안하라는 말입니다. 그래서 이미 받은 가난에 안심하지 못하고 이 가난을 억지로 면하려고 하면 마음만 더욱 초조해지고 오히려 괴로움에 빠지고 맙니다. 그러므로 이미 면할 수 없는 가난이라면 다 태연히 감수하는 것입니다. 그러면서 미래의 행복을 준비하는 것이 바로 안빈낙도가 아닐까요?

그런데 우리가 분수에 편안하고 낙도생활이 되는 것은 지금 우리가 받고 있는 모든 가난과 고통이 장래에 복락(福樂)으로 변할 것을 알기 때문일 것입니다. 더군다나 우리가 한 걸음 더 나아가서 우리의 마음작용이 항상 진리에 어긋나지 아니하고, 수양의 힘이 능히 고락을 초월하는 진경(眞境)에 들어가면 가난한 가운데 다시없는 낙도생활을 누릴 수 있을 것입니다.

세상만사가 다 뜻대로 만족하기를 원하는 사람은 모래 위에 집을 짓고 천만 년의 영화를 누리려는 사람같이 어리석은 것입니다. 그러나 지혜 있는 사람은 세상을 살아가는 데 10분의 6만 뜻에 맞으면 이에 만족하고 감사를 느끼며 살아가지요. 만약 10분이 다 뜻에 맞을지라도 그 만족할 일을 혼자 차지하지 아니하고 세상과 같이 즐깁니다. 그래서 그 만족으로 인하여 재앙을 당하지 않을 뿐더러 복이 항상 무궁하게 되는 것이지요. 우리, 조금 부족하면 어떻습니까? 오히려 그 모자람이 미학(美學)이 되지 않을는지요?

지극정성

소태산 부처님께서는 이 '지극정성(地極精誠)'에 대하여 이렇게 말씀하셨습니다.

"정당한 일에 지극한 정성을 들이면 그 정성의 정도와 일의 성질에 따라서 빠름과 늦음은 있을지언정 이루어지지 않는 일이 없다. 그 이루어지는 것은 사실적으로 그 일이 잘 진행되어 점차로 그 목적을 달성하는 수도 있고, 불가사의한 기운이 응하여 일시에 그 목적이 이루어지는 수도 있느니라."

하늘이 감동할 만한 정성을 '지성'이라 합니다. 지극한 정성을 다함으로써 하늘의 감응에 이르는 것입니다. '감응'이란, 하늘이 사람에게 감동하여 응답하는 것을 말합니다. 그런데 사람이 감동할 만한 정성이 없는데 어찌 하늘이 감동할 것이며, 사람이 응답할 만한 정성이 없는데 어찌 하늘이 응답하겠습니까? 정성이 지극하지 않으면 정성이 없는 것과 같고, 감동해도 응답이 없으면 감동하지 않은 것과 같습니다.

꿈이 간절해지면 뜻이 생기고, 뜻이 간절하면 길이 열리게 되어 있습니다. 문제는 꿈입니다. 다른 사람이 아니라 바로 나 자신이 감동할 만큼 정성스럽게 가꾸는 꿈이 있습니까? 그 꿈은 아무래도 '서원(誓願)'과 '발심(發心)'일 것입니다.

세상을 살아가면서 가장 중요한 덕목이 무엇일까요? 그건 아무래도 '정성'이 아닌가 생각됩니다. 그런데 사람들은 좋은 발심을 하고서는 정성이 부족해 중도에 그치는 사람들이 많습니다. 참으로 안타까운 일이지요. 그 정성만 있으면 이루지 못할 일이 없는데 말입니다.

저의 좌우명은 '지성여불(至誠如佛)'입니다. 이 말은 『중용』 제24장의 「지성여신(至誠如神)」에서 따온 말로, 지극한 정성이 바로 '신(神)'이고 '도(道)'이며 '부처(佛)'라는 뜻이지요.

정성이란 처음과 끝이 한결같은 것을 이름입니다. 그 지극한 정성이 없으면 아무것도 이룰 수 없다는 성현의 말씀은 바로 진리 아닌지요? 본래 「지성여신(至誠如神)」의 원문은 이렇습니다.

지극한 성실함의 도는 일을 미리 알 수 있는 것이다. 나라가 장차 흥하려 할 때에는 반드시 상서로운 징조가 있으며, 나라가 장차 망하려 할 때에는 반드시 흉한 징조가 있다. 시초(蓍草)점과 거북점에 나타나며 사체(事體)의 움직임에 드러나는 것이다. 화복이 내려지려 할 때에는 선(善)함도 반드시 먼저 알아보고, 선하지 않은 것도 먼저 알아보는 것이다. 그러므로 지극한 정성은 신과 같다.(지극한 정성을 쌓으면 신과 같은 힘을 가진다.)

至誠之道 可以前知 國家將興 必有禎祥 國家將亡 必有妖孼/ 見乎蓍龜 動乎四體 禍福將至 善 必先知之 不善 必先知之 故 至誠如神

'지성여신'의 '지'는 '다다르다, 지극한'이라는 뜻입니다. 우리말에서 '다다르다'와 '지극한'이 서로 다른 말 같지만 한자에서는 이 두 가지 의미는 같다고 합니다. 왜냐하면 '지극(至極)'은 '극도(極度)에 다다르다'라는 뜻이기 때문이지요. '성(誠)'은 '言'과 '成'이 합쳐진 글자입니다. '言'은 '말'이라는 뜻이고, '成'은 '이루다'라는 뜻이므로 '誠'은 '자기가 한 말을 행동으로 이루는 것'을 나타냅니다. '誠'이 '정성, 순수한 마음, 참되다, 진실한'이라는 뜻을 갖는 이유는 바로 이것입니다. 중국인은 자신이 한 말을 실행하는 것, 언행이 일치되는 것을 '정성, 진실, 참되다'라고 보았습니다. 그리고 '如'는 '같다'라는 말입니다. 또 '神'은 '示'와 '申'이 합쳐진 글자로, '진리'를 나타내지요.

그럼 '성(誠)'이란 무엇일까요? 그 성을 『중용』에서 간결하면서도 정묘하게 설명한 것이 있습니다. "誠者 天之道也 誠之者 人之道也", 즉 "참된 것은 하늘의 도이고, 참되고자 하는 것은 사람의 도이다."라는 말입니다. 그런데 『중용』에서 공자가 설파한 '천(天)'은 '상제(上帝)', 곧 '신(神)'입니다. "성(誠)은 하늘의 도이므로 성지(誠之), 즉 하늘의 도를 행하는 것이 사람의 도이다."라 했습니다. 따라서 『중용』에서는 '지성여신'이라 하여 "성이 지극하면 신과 같다."고 한 것입니다.

'지성'이라는 것은 이와 같이 '사람이 행하는 하늘의 도'를 말하는 것입니다. 얼마만큼 하늘의 도에 이르렀는가 하는 경지에 따라 앞일을 미리 알 수가 있다고 했습니다. 즉 선을 행한 자는 선한 길조(吉兆)가 있게 되어 미리 알 수 있고, 그 반대로 선하지 아니한 행위를 한 자는 그 흉조(凶兆)가 미리 있게 됩니다.

어느 물질이든 정점〔極〕에 도달하면 변하는 것입니다. 우리가 숨 쉴 수 있는 이 공기가 한없이 부드러운 기체지만 −270℃로 냉각시키면 철판처럼 강한 고체로 변한다고 합니다. 그 성질 자체가 변화를 일으킨 것이지요. 이처럼 우리 인간도 지극한 정성이면 이루어지는 이치가 있습니다.

이 불가사의한 현상, 즉 '지성이면 감천(至誠感天)'이 되는 이치에는 두 가지 현상으로 분류할 수가 있습니다. 하나는 내 몸 밖에서 그 현상을 이루어 나타나게 하는 것이며, 둘은 내 몸 안에서 직접 이루어 나타내는 현상입니다. 내 몸 밖에서 이루어져 나타난 현상은 나의 지극한 정성에 따라 상대가 있을 때는 상대에게서 이루어져 나타나고, 상대가 없을 때는 자연적으로 이루어지는 것이지요.

'맹종구순(孟宗求筍)'이라는 말이 있습니다. 옛날 '맹종'이라는 사람이 병석에 누워 있는 어머님의 병간호에 구할 수 있는 약은 전부 시탕(侍湯)하였으나 어머니의 병은 날이 갈수록 악화되었습니다. 그러던 어느 날 맹종의 어머니는 "죽순나물이나 한번 먹었으면 죽어도 원이 없겠다."고 했습니다. 맹종은 이 소리를 듣고 그의 어머니 앞에서는 구해드리겠다고 하였습니다. 그러나 추운 이 겨울에 죽순이 있을 리 만무하지요. 그래도 맹종은 대밭에 나가 큰 소리로 "죽순을 구하려 왔다!" 하고 외치고는 엉엉 울었습니다. 마지막이 될지도 모르는 어머니의 원을 이루어드릴 수 없는 안타까운 마음에서였지요. 그때였습니다. 눈 덮인 대밭 여기저기서 죽순이 솟아올라오는 것이었습니다.

어떻습니까? 지성여신! 지성이 곧 신인데, 정성만큼 위대한 것이 또 있을까요? 그래서 저는 30여 년 전부터 이 '지성여신'을 '지성여불'로 고쳐 부르고, 저의 행동철학으로 삼아온 것입니다. '정성이 곧 부처다. 성이란 처음부터 끝까지 한결같은 것이다.' 정말 공부와 사업에 '지성여불'의 정신으로 30여 년간 일직심 그대로 죽기 살기로 달려가면 누구나 부처를 이루지 않을까요?

무소유의 의미

'무소유(無所有)'의 의미를 많은 사람들이 잘못 알고 있는 것 같습니다. 무소유는 가진 것 없음이 아닙니다. 불가(佛家)에서 무소유는 집착을 벗어난 청정한 삶의 모습을 이릅니다. 불교의 초기 경전인『숫타니파타』에 '무소유'에 관한 말이 나옵니다.

자녀가 있는 사람은 자녀 때문에 기뻐하고, 소를 가진 사람은 소 때문에 기뻐한다. 그러나 자녀를 가진 사람은 자녀 때문에 근심하고, 소를 가진 사람은 소 때문에 근심한다. 인간의 근심 걱정은 집착에서 비롯되나니 집착이 없는 사람에게는 근심도 걱정도 없다.

가진 것에 대한 집착을 버려야만 근심과 걱정으로부터 벗어난다는 말씀입니다. 그러나 가졌다고 생각하고, 그리하여 집착하며,

그런 이유로 집착을 버려 근심과 걱정에서 벗어나야 한다고 생각하면 중요한 것을 놓칩니다. 집착이 있기 때문에 버려야 한다고 생각한다면 우리는 끊임없이 집착과 싸워야 합니다.

왜 그럴까요? 우리는 여전히 가지고 있기 때문입니다. 가지고 있다는 생각은 계속해서 가진 그것에 대해 무언가 해야 한다든지 혹은 가진 그것이 어떤 상태에 있어야만 한다든지 하는 생각을 불러일으킵니다. 게다가 종종 가지고 있다는 것이 짐이 되거나 죄의식을 불러일으키기도 하지요.

결국 집착을 버리는 것은 잡초의 이파리만 따는 것입니다. 게다가 이런 식의 삶은 대개 평생 집착하는 자기와의 투쟁으로 점철되게 마련입니다. 이것만으로도 우리는 충분히 근심스럽고 걱정스럽습니다. 결국 집착을 버리려는 노력이 큰 의미가 없게 되는 것입니다.

문제의 근원을 보아야 합니다. 집착의 버림이 왜 필요한가요? 가졌다는 생각 때문입니다. 그러나 과연 우리는 무얼 가졌나요? 정말 자식을 가지고 있나요, 아니면 소를 가지고 있나요? 우리는 흔히 '가졌다'라는 것은 우리의 통제 범위에 있을 때 가졌다고 하는 것입니다.

생각해 보시지요. 우리의 심장이 우리 자신에 의해 완전히 통제되는가요? 손이나 발도 마찬가지입니다. 아무것도 무언가 해야 한다든지 어떤 상태에 있어야 한다든지 하는 생각과는 상관없이 돌아갑니다. 심지어 우리의 몸뚱이도 이럴진대 다른 것은 말해 무엇을 하겠습니까? 결국 우리는 아무것도 가진 것이 없는 것입니다.

우리는 분명히 소유의 의미를 잘못 해석하고 있는 것입니다. '소유'란, '내 것'이라는 뜻이 아닙니다. '소유'란, 말 그대로 '있는 바'입니다. '그냥 존재하는 것'이라는 뜻이지요. 자녀는 그저 있는 것입니다. '내 것'이라는 것은 단지 상상에 불과한 것입니다.

그저 있기 때문에, 그것도 가까이 있기 때문에 존재와 존재 간의 관계에 따라 우리는 무언가 할 필요가 생기고, 무언가 도움 받아야 할 필요가 생기는 것입니다. 그래서 할 일이 생기고 덕분에 우리의 존재가 유지되는 것입니다. 이렇게 소유는 그저 있는 것입니다.

집착을 버려야 한다는 방법론에 집착하지 않는 것입니다. 그 방법론으로는 영원히 집착에서 벗어날 수 없습니다. 문제는 깨닫는 것입니다. 깨닫고 나면 이제 집착을 버릴 필요가 없는 것입니다. 왜냐하면 집착이 생기지 않기 때문이지요. 이제 삶은 투쟁이 아닙니다. 싸울 대상이 없기 때문입니다.

많은 현자(賢者)들이 무소유를 강조했습니다. 이것을 '갖지 마라.' 또는 '가지되 집착하지 마라.' 정도로 해석하는 것은 그저 달을 가리키는 손가락을 쳐다보는 꼴입니다. 성현(聖賢)들이 우리에게 가르치려고 했던 것은 가지지 말라는 것이 아니라 '가지는 것이란 것 자체가 없다.'는 뜻이 아닐까요? 이것을 잘못 알아들으면 있는 바, 즉 자기 앞의 인연을 아무 이유 없이 제거하려고 무의미한 노력을 하거나 무언가 있는 것을 죄악시하게 됩니다. 심지어 자기가 생명을 가지고 있는 것도 죄악시하기도 합니다. 이제 소유의 개념을 올바르게 가져야 할 것입니다. 그것으로 집착은 싸울 대상이 아니라 존재하지 않는 무언가가 될 것이기 때문입니다.

출가 수행자가 집을 떠남은 집과 가족에 대한 집착을 버리기 위함입니다. 하지만 결국 그가 깨닫는 것은 집도, 가족도 가지고 있지 않았다는 뜻이 아닐는지요?

『숫타니파타』에서 석가모니 부처님이 무소유를 가르치고 있습니다. 우파시바가 물었습니다.

"싯다르타여! 저는 아무것에도 의지하지 않고 혼자서 큰 번뇌의 흐름을 건널 수는 없습니다. 제가 의지해 건널 수 있는 것을 가르쳐 주십시오, 널리 보는 분이시여."(『숫타니파타』, 1069절)

거룩한 스승은 대답하십니다.

"우파시바여, 무소유에 의지하면서 '거기에는 아무것도 없다.'라는 생각으로써 번뇌의 흐름을 건너라. 모든 욕망을 버리고 의혹에서 벗어나 집착의 소멸을 밤낮으로 살피라."(『숫타니파타』, 1070절)

법정(法頂 : 1932~2010) 스님은 "무소유란 아무것도 갖지 않는다는 것이 아니다. 궁색한 빈털터리가 되는 것이 아니다. 무소유란 아무것도 갖지 않는 것이 아니라 불필요한 것을 갖지 않는다는 뜻이다. 무소유의 진정한 의미를 이해할 때 우리는 보다 홀가분한 삶을 이룰 수가 있다."라고 무소유를 정의하셨습니다.

우리가 선택한 청빈생활은 넘치는 부(富)보다 훨씬 값지고 고귀한 것입니다. 이것은 소극적인 생활태도가 아니라 지혜로운 삶의 선택일 것입니다. 우리가 만족할 줄 모르고 마음이 불안하다면 그것은 우리가 살고 있는 세상과 조화를 이루지 못하기 때문입니다.

이 세상에서 영원한 것은 아무것도 없습니다. 어떤 어려운 일도, 어떤 즐거운 일도 영원하지 않습니다. 모두 한순간입니다. 좋은 일도 그렇습니다. 좋은 일도 늘 지속되면 사람이 오만해집니다. 덜 가지고도 더 많이 존재할 수 있어야 합니다. 더 검소하고 작은 것에 기쁨을 느껴야 합니다.

우리가 가지고 있는 재색명리(財色名利)가 중요한 것이 아닙니다. 그것으로써 우리가 어떤 일을 하며 어떻게 살고 있는가에 따라서 삶의 가치가 결정됩니다. 우리, 무소유의 의미를 알아 홀가분하고 단출한 삶을 이어 가면 어떨까요?

잘 늙다가 잘 가는 법

사람이 살아가면서 가장 큰일이 무엇일까요? 아마도 '생사(生死)' 이상 큰일은 없을 것입니다. 그래서 잘 늙고 잘 죽는 법을 우리는 '생사대사(生死大事)'라고 하는 것입니다. 어느덧 살날보다는 죽을 날이 가까워 온 것이 사실입니다. 이제 죽을 때 기분 좋게 웃으면서 죽을 수만 있다면 그 이상의 행복은 없을 것입니다.

죽을 때 웃으면서 잘 죽을 수 있는 방법을 생각해 봅니다. 그건 늙을 때 잘 늙으면 죽을 때도 웃으며 갈 수 있을 것입니다. "잘 물든 단풍이 어지러이 피는 봄꽃보다 예쁜 법"이라 했습니다. 잘 늙으면 청춘보다 더 낫다는 얘기입니다. 그 잘 늙는 방법을 한번 알아볼까요?

첫째, 욕심을 내려놓는 것입니다. 늙을 때에는 아무리 의욕이 있고 하고 싶은 일이 많아도 욕심을 부리면 안 됩니다. '노욕(老

慾)'을 부리면 아름답게 느껴지는 것이 아니라 추하게 느껴집니다. 인생을 갈무리해야 합니다. 그래서 욕심을 부리지 않는 것입니다. 언제 죽을지 모르니까 아무것도 안 하고 놀라는 얘기가 아닙니다. 과도한 욕심은 부리지 말라는 것입니다.

둘째, 과로하지 않는 것입니다. 젊을 때는 무리하거나 과로해서 쓰러져도 며칠 쉬면 금방 낫습니다. 그런데 늙어서 과로하면 쉽게 돌아오지 않지요. 그러니까 가을비처럼 한번 비가 오면 확 추워지듯이 늙어서는 과로해서 한번 쓰러지면 그냥 팍 늙어 버립니다. 그래서 아무리 의욕이 있어도 절대로 과로하면 안 됩니다.

셋째, 과음·과식을 하면 안 됩니다. 젊을 때는 술을 많이 마시고 취해도 하루 푹 쉬면 일어납니다. 그런데 나이 들어서 술을 과하게 마시거나 음식을 과하게 먹으면 건강도 해치고 남이 봐도 추하게 보입니다. 그래서 과음·과식을 하면 안 됩니다. 절제를 해야지요.

넷째, 말을 적게 하는 것입니다. 젊은 사람들은 재잘재잘 말을 많이 해도 귀엽습니다. 그런데 나이 들어서 말이 많으면 누구나 다 싫어하기 마련이지요. 그래서 말을 줄여야 합니다. 특히 잔소리는 금해야 합니다. 그런데 나이가 들면 잔소리하는 게 특징 중 하나입니다. 아는 게 많기 때문에 말을 많이 하는 것입니다. 그걸 입으로 다 표현하면 젊은 사람들이 싫어합니다. 그래서 입을 닫아야 하는 것이지요.

다섯째, 재산을 자식에게 다 물려주면 안 됩니다. 옛날에는 나이가 들면 재산을 다 자식한테 물려주고 뒷방에 가만히 앉아 있어도 자식이 부모를 받들고 살아갑니다. 걱정이 없었지요. 그런데 시대가 바뀌어 가고 있습니다. 나는 부모에게 공경하고 살았는데, 내 자식은 나한테 그런 식으로 안 하는 시대에 돌입한 것입니다. 그래서 재산을 다 자식한테 물려줘 버리면 자칫 길거리에 나앉게 될지도 모릅니다. 젊었을 때는 길거리에 나앉아도 다시 도전하면 됩니다. "젊을 때 고생은 돈 주고 사서"라 합니다. 그런데 늙어서 오갈 곳 없이 길거리에 나앉아 있으면 그보다 불쌍한 모습은 없을 것입니다. 그렇기 때문에 절대로 재산을 자식한테 다 물려주면 안 됩니다.

여섯째, 사후 준비를 해 두는 것입니다. 죽는 문제 갖고 사람들이 걱정을 많이 합니다. 대부분 노인들은 '자는 듯이 그냥 죽었으면 좋겠다.', 이렇게 생각합니다. 그런데 그건 욕심입니다. 평소 생사를 연마하는 수행이 없으면 불가능합니다. 마음을 자유로이 하고, 생사를 초월하며, 죄복을 임의로 하는 수행을 하는 것이지요.

어떻습니까? 이 정도 준비하면 우리 노후생활과 죽음에 이르러 추하게 가지는 않겠지요? 사람이 죽으면 영혼은 떠납니다. 그러니까 평소에 생사공부를 해두지 않으면 우리의 영혼이 쉽게 떠나지 못합니다. 왜냐하면 착심(着心) 때문에 전도몽상(顚倒夢想)이 되어 무주고혼(無主孤魂)이 될 우려가 다분한 것입니다.

늙어 병드는 것은 우주의 철칙입니다. 그러니 죽는 것 가지고 '안 아프고 죽어야지.' 이런 생각하면 안 됩니다. '안 아프고 죽으면 다행이고, 조금 아프고 죽어도 괜찮다.'는 생각을 갖는 것입니다. '생(生)은 사(死)의 근본이요, 사(死)는 생(生)의 근본'입니다. 그러므로 우리는 평소 이 생사를 연마하지 않으면 죽어갈 때에 종종걸음을 치지 않을 수 없습니다.

사람이 행할 바 도(道)가 많으나 그것을 요약하면 생과 사의 도를 벗어나지 못하는 것입니다. 우리가 살 때에 생의 도를 알지 못하면 능히 삶의 가치를 발휘하지 못합니다. 그리고 또 죽을 때에 사의 도를 알지 못하면 능히 악도(惡道)를 면하기가 어려운 것이죠.

사람의 생사는 비하건대, '눈을 떴다 감았다' 하는 것과 같습니다. 그리고 '숨을 들이쉬었다 내쉬었다' 하는 것과 같지요. 또한 '잠이 들었다 깼다' 하는 것과 같은 것입니다. 그러니까 조만(早晩)의 차이가 있을지언정 이치는 같은 바로서 생사가 원래 둘이 아니요, 생멸(生滅)이 원래 없는 것입니다. 그래서 도를 깨친 사람은 이를 '변화'로 알고 깨치지 못한 사람은 이를 '생사'라 하는 것입니다.

우리가 이러한 죽음의 현실을 분명히 자각하면 지금 늙어 가고 있는 것에 감사할 수 있습니다. 그리고 죽음이 언제 찾아와도 괜찮다고 하는 마음으로 살 수 있는 것입니다.

"죽으면 다시 태어난다."고 하는 전생윤회(轉生輪廻)의 사상이 불가(佛家)의 가르침입니다. 우리, 잘 늙다가 잘 가는 법을 실행하면 언제 와도 다시 잘 올 수 있을 것입니다.

"생사대사는 일이 크고, 무상은 신속하다." 하였습니다. 어째 마음이 급해지지 않으시는지요? 죽음을 맞이할 때는 이미 늦습니다. 생사가 일여(生死一如)입니다. 이제 웬만큼 살았으면 고통스럽게 오래 사느니 어서 갔다가 서둘러 돌아오는 것이 오히려 다행이며 기쁨이 아닐는지요?

시간이 너무 빠릅니다. 늙어도 언제나 당당하고, 아파도 조금 참으며, 틈틈이 마음의 힘을 길러 웃으며 떠날 수 있는 그런 법력을 갖추는 것입니다. 우리 어서어서 생사대사를 연마하여 생사에 토를 떼면 얼마나 좋을까요!

실수가 곧 축복

우리는 모두 실수를 합니다. 하지만 누구 하나 자신이 바로 실수를 했다고 인정하는 사람은 드뭅니다. 왜냐하면 모두 '나만은 평균 이상'으로 비범하여 실수를 하지 않는다고 확고하게 믿기 때문일 것입니다. 하지만 실수는 솔직히 인정해야 하지 않을까요? 우리는 거의 보통의 존재들입니다. 그리고 실수는 크게 부끄러운 일이 아니지요.

그럼 우리는 왜 실수를 하는지요? 인간이기 때문입니다. 그리고 인간의 실수는 인간의 인식 구조가 완벽하지 못하기 때문에 필연적으로 발생하기 마련인 것입니다. 말하자면 어떤 실수는 일어날 수밖에 없는, 예견된 실수입니다. 그렇기에 인간이 실수에서 완벽하게 벗어나는 방법은 없을 것 같습니다.

그럼 우리가 실수했을 때 어떻게 대처하면 좋을까요? 실수는 실수했을 때 바로 인정하는 것입니다. 누구라도 실수한 것을 그 자리에서 바로 알아차릴 수 있습니다. 어쨌든 실수를 했을 땐 그 자리에서 바로 자신의 행동과 말을 정정하고 사과하는 것이 좋습니다.

그리고 자신의 실수는 과감히 잊는 것입니다. 이미 일어난 실수는 돌이킬 수 없습니다. 머리 싸매고 아무리 고민하고 고민해봐도 해결할 수 없습니다. 그냥 잊고 없었던 일처럼 행동하고 지내는 것이 오히려 정신건강에 좋을 수도 있습니다. 큰 실수가 아닌 한 상황이 어찌되었든 그냥 잊어버리고 평상시처럼 지내는 것입니다.

하지만 반드시 미래는 기억해야 합니다. 미래를 기억한다는 것은 앞으로 나의 행동에 주의해야 한다는 것입니다. 그리고 다시는 상대방에게 똑같은 실수를 하지 않도록 내 행동을 단속하고 조심해야 하는 것입니다. 조금씩 조금씩 그렇게 나의 실수로 인해 어색해진 서로 간의 감정적인 공간을 천천히 메꾸어 가야 하는 것, 그것이 나의 실수를 만회할 수 있는 최선의 방법이라 할 수 있습니다.

그리고 자신의 실수에 관대해지는 것이 좋습니다. 과거를 잊으라는 말이지요. 너무 자책하고, 자신을 너무 속박하지 말라는 것입니다. 그리고 조금 더 관대해지면 좋겠습니다. 나와 상대방에게 조금 더 관대해진다면 좀 더 부드럽고 더 좋은 관계를 만들어

나갈 수 있을 것입니다.

어쨌든 나의 실수도 감싸주고 아무렇지도 않게 지내 줄 수 있는 동지, 이웃이 있다면 또는 내가 그렇게 될 수 있다면 정말 성공한 인생이라 할 수 있지 않을까요? 그런데 우리 주위에서 흔히 볼 수 있는 것들이지만 주의하지 않으면 돌이킬 수 없는 실수가 있습니다. 그 돌이킬 수 없는 실수 열다섯 가지를 한번 알아봅니다.

1. '오해'라는 실수입니다. 오해가 사람을 잡을 수 있습니다. 반드시 진실을 확인해야 합니다.
2. '설마' 하는 실수입니다. 설마가 사람 잡을 수 있습니다. 미리 대비해야 합니다.
3. '칭찬'이 실수로 이어집니다. 칭찬은 신중하게 하고, 내가 칭찬을 받을 때에는 교만하면 안 됩니다.
4. '뇌물'이 실수입니다. 뇌물이 사람 잡을 수 있습니다. 선물은 받되, 뇌물은 받으면 안 됩니다.
5. '정(情)'이 깊으면 실수로 이어집니다. 따뜻한 정과 함께 냉철한 이성을 가지면 실수가 없습니다.
6. '호의'가 실수로 이어집니다. 호의에 담겨진 의미를 파악하고, 반드시 은혜로 입으면 갚아야 합니다.
7. '차차'가 큰 실수로 이어집니다. "차차 하지."가 사람 잡습니다. 오늘 할 일을 내일로 미루면 안 됩니다.

8. '나중에'가 실수로 이어집니다. 나중에 보자는 사람 두렵지 않습니다. 지금 결단하는 것입니다.
9. '괜찮겠지'가 실수입니다. 세상에는 괜찮지 않은 일들이 많이 있습니다.
10. '공짜'가 실수로 이어집니다. 공짜는 없습니다. 반드시 대가를 지불해야 합니다.
11. '고까짓 것'이 실수를 불러옵니다. 남을 무시하면 나도 무시를 당합니다. 모두 공경하면 해로움이 없습니다.
12. '별것 아니야.'가 실수입니다. 모든 것이 소중합니다. 세상에 별것 아닌 것은 없습니다.
13. '조금만 기다려.'가 실수입니다. 기다리게 해놓고 변하는 사람도 많습니다. 한결같아야지요.
14. '한 번만'이 실수입니다. 한 번이 열 번, 백 번이 됩니다.
15. '남도 다 하는데'가 실수입니다. 세상 모든 사람이 다 해도 하지 말아야 할 일이 있는 것이지요.

어떻습니까? 이 열다섯 가지만 안 하면 인생에 큰 실수는 없겠지요? "큰 재주 있는 사람은 남의 재주도 내 재주로 삼을 수 있다." 하였습니다. 우리의 실수도 다시 저지르지 않으면 실수가 큰 축복이 되지 않을까요?

셀프 장례계획서

요즘은 뭐든지 '셀프'가 대세인 것 같습니다. 셀프 PR, 셀프 디스, 셀프 결혼, 셀프 출판, 심지어 셀프 공천 등등 온통 '셀프' 천지입니다. 그중에서도 가장 충격적인 셀프는 죽은 뒤에 장례를 자식들에게 맡기지 않고 본인이 직접 결정하는 '셀프 장례'일 것입니다.

이 셀프 장례는 일본에서 먼저 시작되었다고 합니다. 그것이 어느 덧 우리나라에서도 노인들이 상조회사에 문의하여 가족 몰래 혼자 '장례계획서'를 작성한다는 것입니다. 고령화 시대 속 '셀프 장례'라는 고독한 풍경은 마지막 길을 더 외롭게 만드는 것 같아 한숨이 나옵니다. 그러나 서글프면서도 공감이 가는 일이 아닌지요?

실제로 어느 노인은 상조회사에 혼자 가서 '장례계획서'를 작성하고서 가족들에게 자신의 뜻을 알렸습니다. 그러자 평소 검소하게 사셨던 아버지를 가족들도 이해하고 기꺼이 동의해 주었다고 합니다. 그분이 돌아가시자 자식들은 상조회사에 찾아가 장례계획서대로 빈소도 없이 이틀 만에 화장 후 간소하게 장례를 마쳤습니다.

그럼 왜 이렇게까지 노인들이 셀프 장례를 고집하는 것일까요? 그들은 한결같이 고비용 장례문화에 대한 반감작용으로 자식들에게 부담 주기 싫어 간소하게 장례를 치르길 원하는 것이 큰 이유일 것입니다. 더욱 근본적인 이유는 가족 간의 유대가 약해져 독거노인이 많아지기 때문이라고 합니다. 그러니까 스스로 '고독사(孤獨死)'에 대한 두려움이 셀프 장례를 긍정적으로 생각하게 하는 것이지요.

그런데 요즘은 본인들만 아니라 지자체에서도 셀프 장례를 적극 지원한다고 합니다. 그러기에 이 셀프 장례는 더욱 확산될 수밖에 없을 것 같습니다.

광주광역시의 어느 노인종합복지관에서는 3년 전부터 먼저 독거노인 중 희망자에게 '장례계획서'와 거의 흡사한 '장수 노트'를 작성하게 한다고 합니다. 그 안에는 죽으면 꼭 초대하고 싶은 사람과 장례 방식, 그리고 수의와 영정을 보관해 놓는 위치 등을 적는다고 하네요. 놀라운 일은 처음 80명에서 벌써 800명 회원으로 늘어났는데, 연고 없는 독거노인은 무료로 장례까지 해주는 특혜가 있기 때문이라고 합니다. 그러나 그것보다는 노인들에게 남겨진 일은 죽는 일밖에 없기에 장례 프로그램에 참여해 좀 더 구체적으로 마지막 길을 스스로 준비하고픈 마음이 크기 때문일 것입니다.

어쩌면 지금 당장은 나와 상관없는 이야기 같지만 한번 생각해 보는 것이 어떨까요? 만약 부부 중 누가 먼저 죽으면 남은 한쪽이 장례를 다 주관해 줘도 됩니다. 그러나 혼자 남으면 자식이 해줘야 하는데, 요즘 자식들이 남은 부모 노후와 장례를 책임져 준다는 보장이 없습니다. 자식만 바라보다가 잘못된 경우에 자식을 패륜아로 만들 수도 있습니다. 그래서 차라리 죽기 전 의식이 있을 때 깨끗하게 본인이 장례계획서를 만들어 놓으면 누가 먼저 가든 계획된 시나리오대로 진행되기에, 자식들 신경 쓰지 않게 하면서도 본인 장례에 대한 두려움에서는 벗어날 수 있습니다. 죽은 후, 최소한 남에게 피해를 주지는 않아야 합니다. 그러기 위해서는 자신의 죽음을 미리 준비해야 하는 것입니다. 그 준비로 노후 계획 안에 분명하게 죽을 때의 계획이 나와 있어야만 어느 때 저승사자가 데리러 오더라도 주저하지 않고, 아니 겁내지 않고 따라갈 수 있을 것입니다.

인생은 움켜잡는 것이 아니라 버리는 데 묘수(妙手)가 있는 것입니다. '공수래공수거(空手來空手去)'의 진리를 모르고 아직도 쌓아 놓기만 한다면 그는 분명히 죽음에 대해 무지한 사람임이 분명

합니다. 돌아서면 쌓이는 물건들을 과감하게 정리하고, 벌어 놓은 재산을 베풀어야만 우리가 온 곳으로 마음 편하게 가는 것입니다.

욕심과 착심(着心)이 많을수록 그 영식(靈識) 높이 솟지 못하고 악도에 떨어지기 십상입니다. 마치 탁하고 무거운 것은 아래로 가라앉는 것과 같고, 맑고 가벼운 것은 높이 솟아오르는 것과 같습니다. 그러므로 욕심과 착심이 없을수록 그 정신이 높이 솟아서 선도(善道)에 태어나게 되는 것입니다. 지금 우리가 소유하고 있는 모든 시간과 공간들은 다 죽음으로 가기 위한 과정일 뿐이라는 것을 진실로 깨달아야만 남은 생이 행복해질 수 있는 것입니다.

웰빙을 지나 웰다잉을 말한 지 벌써 오래되었습니다. 웰빙은 단순히 좋은 환경 속에서 좋은 음식을 먹는 일에 초점을 맞춥니다. 그러면 몸뚱어리는 호사할지 모르나 마음은 더욱 피폐해지고 맙니다. 그러나 웰다잉은 잘 살기 위한 삶이 아니라 잘 죽기 위한 준비입니다. 그 준비란 열심히 수행정진하고, 적공 또 적공을 하는 것입니다. 그러면 몸은 조금 부대껴도 마음과 영혼은 수행을 통해서 완전한 해탈(解脫)과 천도(薦度)를 받을 수 있어 죽음이 두렵지 않게 되는 것이지요.

내 모든 인생의 과정은 '죽음'이라는 녀석과 처음이요 마지막 대면할 때, 두렵지 않게 맞이하기 위해 한평생 죽는 연습을 하는 것입니다. 그러므로 셀프 장례는 단순히 죽은 뒤에 시신을 처리하는 일이 아닙니다. 죽음이 찾아와도 혼자 당당하게 맞이할 수 있도록 미리 계획을 세워서 죽는 그날까지 계속 죽음을 연습하는 것이 진정한 셀프 장례인 것입니다.

범상한 사람들은 이생에서 사는 것만 큰일로 압니다. 그러나 지혜로운 사람은 죽는 일이 더 크다는 것을 압니다. 왜냐하면 잘 죽는 사람이라야 잘 태어나서 잘 살 수 있기 때문입니다. 잘 태어나서 잘 사는 사람이라야 잘 죽을 수 있는 것입니다. 그래서 '생(生)은 사(死)의 근본이요, 사(死)는 생(生)의 근본'인 것입니다.

우리, 셀프 장례계획서를 작성해 둡시다. 그리고 죽어서 남의 손에 천도를 받을 것이 아니라 아예 살아생전에 자신 천도를 마쳐야 합니다. 그러기 위해서는 우리, 부처되어 제중(濟衆)하기를 서원(誓願)하고 청정(淸淨)한 생각에 귀의(歸依)해야만 할 것입니다.

위대한 최후

사람은 누구나 최후를 맞이합니다. 그 최후의 말을 '유언'이라고 할 수 있을 것입니다. 그럼 우리는 과연 어떤 말을 남기고 이승을 하직할까요? 이 최후의 말을 남기기 전에 위대한 성현들은 최후에 어떠한 말씀을 남기셨는지 알아보는 것도 우리가 마지막 남길 말을 생각하는 데 큰 도움이 될 것 같습니다.

우선, '알렉산더 대왕'입니다. 알렉산더 대왕은 성인은 아닙니다. 그러나 세계를 정복한 위대한 왕이라 먼저 알아봅니다.

"나를 묻을 땐 내 손을 무덤 밖으로 빼놓고 묻어 주게. 천하를 손에 쥔 나도 죽을 땐 빈손이란 걸 세상 사람들에게 말해 주고 싶다네!"

이 말은 페르시아 제국과 이집트, 유럽, 아시아, 아프리카에 걸쳐 많은 나라를 정복한 알렉산더 대왕이 죽으며 남긴 마지막 말입니다. 스무 살에 왕이 되어 세계를 정복한 그입니다. 그는 인도를 정복하려고 공략하던 중 열병으로 죽었습니다. 10년 넘게 계속된 원정생활에서 오는 피로와 병사들의 반란으로 극심한 스트레스에 시달렸다고 합니다. 그의 나이는 33세에 불과했습니다.

두 번째로, '예수 그리스도'입니다. 성경에는 예수님이 머리를 두고 주무시는 장면이 한 군데 나온다고 합니다. 그곳은 방도 아니고 침대도 아니며, 한적한 들판도 아닙니다. 바로 조각배 안이었습니다. 배 안이라 해도 안락한 선실이 아닌 고물에서 베개를 베고 주무시고(마르코 복음 4, 38) 계셨습니다. 그것도 거센 바람이 일어 물결이 안으로 들이쳐서 물이 거의 가득 차게 된 배 안에서 깊은 잠을 주무시는 것이었습니다. 공포에 질린 제자들이 "스승님, 저희가 죽게 되었는데도 걱정되지 않으십니까?"하고 성화를 부리며 예수를 깨웁니다. 예수께서 일어나 바람을 꾸짖고 바다를 향해 "고요하고 잠잠해져라." 하고 호령하시자 바람은 그치고 바다는 잠잠해집니다. 예수님은 제자들에게 "왜 그렇게 겁이 많으냐? 아직도 믿음이 없느냐?"며 책망을 하십니다. 그리고 최후의 유언으로 "보라, 내가 세상 끝 날까지 언제나 너희와 함께 있겠다."라는 말씀을 남기셨다고 합니다.

세 번째는 '석가모니 부처님'입니다. 석가여래 부처님은 어떻게 열반에 드셨을까요? 석가 부처님은 열반에 드실 준비를 쿠시나가라의 강 언덕으로 정하셨습니다. 사라쌍수(紗羅雙樹) 그늘 아래

침상을 펴시며 제자 아난다에게 말씀하십니다.

"아난다여, 나는 피로하여 눕고 싶구나. 머리를 내 고향 카필라를 향할 수 있도록 자리를 깔아다오."

아난다가 자리를 깔자 부처님은 고향 쪽으로 머리를 향하여 고요히 누우십니다. 아난다가 부처님의 등 뒤에 주저앉아 소리 내어 흐느끼었지요. 석가 부처님은 아난다의 마음을 알고 나직이 말씀하십니다. 그리고 사부대중을 모이게 합니다. 부처님은 기력을 다해 제자들에게 최후 설법을 내리십니다.

"내가 죽은 뒤에는, 그대들은 내가 남긴 법(法)과 계율(戒律)을 의지하라(법귀의(法歸依)). 그리고 스스로를 의지하라(자귀의(自歸依)). 이제 마지막이니 누구든지 무엇이든 물어라."

석가 부처님은 제자들의 마음을 알고 마지막 법어(法語)를 이렇게 전하십니다.

"모든 것은 변한다. 그러하니 부지런히 수행정진하라(諸行無常不放逸精進)."

마지막 법어를 마친 부처님은 운집하여 흐느끼는 제자들을 잔잔한 미소 속에 말없이 둘러본 다음 조용히 눈을 감고 우주의 대적멸(大寂滅)에 드신 것입니다.

네 번째는 '소태산 부처님'입니다. 원기 26년(1941) 1월에 소태산 부처님께서 게송(偈頌)을 내리십니다.

"옛 도인들은 대개 임종 당시에 바쁘게 전법 게송을 전하였으나 나는 미리 그대들에게 이를 전하여 주며, 또는 몇 사람에게만 비밀히 전하였으나 나는 이와 같이 여러 사람에게 고루 전하여 주노라. 그러나 법을 오롯이 받고 못 받는 것은 그대들 각자의 공부에 있나니 각기 정진하여 후일에 유감이 없게 하라."

원기 28년(1943, 癸未) 5월 16일이었습니다. 법회를 마치시고 점심을 드셨습니다. 상추를 한소쿠리 다 잡수시고 더 가져오라고 하십니다. 그리고 몇 시간 지나서 편찮으셔서 누우셨습니다. 양의, 한의가 다녀들 가니 제자들을 꾸중하십니다.

"내 병은 치료해서 나을 병이 아니다. 그러나 너희들이 성화를 대니 입원은 하자꾸나."

그리고 5월 23일부터 제자들이 소태산 부처님의 회복을 위해 기도를 올리기 시작합니다. 제자들의 이 간절한 기원도 끝내 이루어지지 않았고, 마침내 6월 1일 오후 2시 30분 소태산 부처님은 세수 53세를 일기로 열반에 드십니다. 그럼 소태산 부처님의 최후 법문(유언)은 무엇이었을까요?

"성불제중 제생의세의 큰 선도자들이 되어라(범부 중생들도 부지런히 공부를 하여서 보살 되고 부처가 되는 것이다. 그러므로 어서어서 참다운 실력을 얻어 나가도록 하여라). 생사거래에 자유자재하는 큰 도인들이 되어라(육신의 생사는 불보살이나 범부 중생이 다 같은 것이나, 불보살들은 그 거래에 매(昧)하지 아니하고 자유하시며, 범부 중생은 그 거래에 매하고 부자유한 것이 다를 뿐이다. 그러니 불보살의 능력을 어서어서 얻어 가도록 하여라). 사람만 믿지 말고 법을 믿어라(그대들은 또한 사람만 믿지 말고 그 법을 믿어야 한다. 생사는 부처님이나 중생이나 면하지 못하는 것이니 사람만 믿었다가 그 사람이 눈앞에 사라지면 어찌 되겠느냐? 그러므로 그 성현들이 내놓으신 법과 그 성현들이 깨치신 우주의 진리를 믿어야 한다)."

어떻습니까? 성현들의 최후는 참으로 장엄하지요? 오직 개인의 유언이 아니라 세상을 위하고 제자들의 공부를 당부하셨습니다. 그러나 우리들이 최후를 맞이할 때 과연 무슨 말을 세상에 남기고 떠나갈까요? 걱정이 이만저만이 아닙니다. 저는 그저 그렇게 위대한 최후는 되지 못하더라도 "맑고 밝고 훈훈한 덕화만발의 세상을 만들라." 하고 떠나가면 좋겠네요!

버리고 떠날 인생

우리네 인생이 집착하는 마음이 강해지면 강해질수록 본인만 괴롭습니다. 그래서 불교에서 '윤회(輪廻)하는 것은 중생들의 집착 때문'이라고 합니다. 태어나고 죽음을 거듭하는 것이 괴로움의 근본이지요. 그런 집착을 가리켜 '갈애(渴愛)'라고도 말합니다. 즉, 타는 듯한 목마름이 '애착(愛着)', '탐착(貪着)', '원착(怨着)'입니다. 이걸 '삼독심(三毒心)'이라 하지요. 이 집착을 여의지 못하기 때문에 인생이 괴로운 것입니다. 집착하는 마음만 버리면 우리의 인생이 물처럼 바람처럼 자유롭게 됩니다. 그렇게 다 내려놓아야 하는데 그것이 쉽지가 않은 것이지요. 사랑은 좋아해서 내려놓기 어렵고, 미움 또한 괘씸해서 내려놓을 수 없으니, 그래서 세상이 고통의 바다인 것입니다.

며칠 전 우리 부부가 점심을 먹으면서 지금 살고 있는 집에 대해서 말을 나눴습니다. 지금 우리 두 식구가 사는 '덕산재(德山齋)' 50평 아파트가 너무 커서 고통이 심합니다. 청소하기도 힘들고, 관리비도 많이 나오고, 우리 부부의 건강이 몸을 추스르기도 어려운데 너무 벅찹니다.

궁리 끝에 우리가 사는 '덕산재'에는 작은 딸애가 들어와 살게 하고, 우리 부부는 한 20평 정도의 작은 아파트로 이사를 가기로 의논을 했습니다. 그런데 이 역시 결코 쉬운 결정은 아닙니다. 천정까지 쌓여 있는 책은 어떻게 할 것이며, 거의 매일 찾아오는 손님은 어떻게 맞을 것인지 걱정이 큽니다. 창밖으로 펼쳐지는 저 넓고 광활한 강과 평야, 산들! 이 역시 집착이 아닌가요? 그러니 우리가 어떻게 생의 집착을 여의고 웃으며 저세상으로 떠나갈 수 있겠는지 심히 우려가 됩니다.

「인생육연(人生六然)」이라는 것이 있습니다. 명나라 학자 최선(崔銑 : 1478~1541)이 지은 '여섯 가지〔六〕 그래야 할〔然〕 것들'이지요. 이대로만 살면 우리 인생의 집착은 사라지지 않을까요?

첫째, '자처초연(自處超然)'입니다. 이것은 세상일에 너무 구속되지 말고 일정한 거리를 두라는 의미입니다. 사람이 세상을 산다는 것은 곧 일과 사람과 사물과 교섭하는 것이지요. 그런데 자칫하면 그것들에 얽매여서 끌려다니기 쉽습니다. 그 까닭은 사물에 문제가 있는 것이 아니고 사람의 이기적 욕망 때문입니다. 불가(佛家)에서는 그릇된 전제에서 벗어나는 것이 자아에 대한 집착을 여의는 길로 보는 것입니다.

둘째, '처인애연(處人藹然)'입니다. '애연(藹然)'에서 '애(藹)' 자는 본래 초목이 무성하고 과일이 풍성하게 열리는 모습을 가리킵니다. 천지자연의 따뜻한 온기에서 사람에 대한 부드럽고 온화한 태도를 의미하게 된 것이 아닐까요? 사람에게는 시비지심(是非之心)이 있어서 남의 단점과 불선(不善)까지 포용하는 건 쉬운 일이 아닙니다. 그래도 사람을 대할 때 따뜻하고 편안하게 대하면 마음이 편해지는 것이지요.

셋째, '유사참연(有事斬然)'입니다. 무슨 일이건 무 자르듯이〔斬〕 깔끔하고 단호하게 처리를 해야 한다는 말입니다. '결연(決然)'이라든가 '단연(斷然)'이라는 말을 쓰지 않고 목을 벨 때(참수(斬首)) 나 쓰는 '참(斬)' 자를 쓴 것은 '참(斬)'을 '새롭고 참신(斬新)하다'는 뜻으로 해석하면 될 것 같습니다. 구태(舊態)나 습관에 빠지지 말고 항상 능동적이고 창의적인 자세로 일을 처리하라는 의미인 것입니다.

넷째, '무사징연(無事澄然)'입니다. 당면한 일이 없을 때는 고여 있는 물과 같이 맑게 머물러 있어야 한다는 뜻입니다. 이것은 『채근담』에 이른바, "군자는 일이 닥치면 비로소 마음을 쓰고, 일이 지나가면 마음도 따라서 비운다(君子事來而心始現, 事去而心隨空)."고 할 때의 '빈 마음'이 곧 '맑은 마음'이 아닐까요?

다섯째, '득의담연(得意澹然)'입니다. 인간이, 세상사가 마음먹은 대로 잘 이루어질 때는 세상이 돈짝만하게 보여 기고만장하기 쉽습니다. 그래서 『주역』에서 가장 강한 건괘(乾卦)의 괘사(卦辭)가 '항룡유회(亢龍有悔)'입니다. "높이〔亢〕 나는 용(龍)은 후회할 일〔悔〕이 있다〔有〕."는 것이지요. 그러니까 '잘나갈 때 조심하라.'는 뜻입니다.

여섯째, '실의태연(失意泰然)'입니다. 세상일이 마음 같지 않고 좌절을 겪게 되면 자포자기하거나 불평불만을 일삼게 되기 쉽습니다. 쓸데없이 자기를 높이는 것도 문제지만 과도하게 자신을 낮추는 것도 경계해야 할 일입니다. 사실 절망의 구렁텅이 속에서 태연자약(泰然自若)하기란 어렵습니다. 매사가 뜻과 같지 안 된다고 앙앙불락(怏怏不樂)할 수는 없습니다. 오는 업(業) 달게 받고 다시 갚지 않는 것입니다. 그렇게 태연하게 마음을 가지면 일도 자연 잘 되기 마련입니다.

어떻습니까? 이 '인생육연'만 잘 실행하면 우리가 낭패를 볼 일은 없을 것입니다. 사랑하며 살아도 너무 짧은 시간입니다. 베풀고 또 베풀어도 남는 것들인데, 웬 욕심으로 그 무거운 짐만 지고 가는지 알 수가 없습니다. 때가 되면 다 버리고 갈 인생입니다. 무거운 물질의 짐도, 화려한 명예의 옷도, 천하를 떨게 하는 권력도 다 버려야만 하는데 왜 그리도 사람들이 악다구니를 쓰고 살아야 하는지 도대체 알 수가 없습니다.

더 주고 싶고, 보고 또 보고, 따뜻이 위로하며 살아야 하는 삶이 성공적인 인생입니다. 우리, 마음의 문을 활짝 열고 더 많이 사랑하고, 더 많이 베풀며, 더 맑고 밝고 훈훈한 세상을 만들어 가면 얼마나 좋을까요?

이제 애착, 탐착, 원착을 여의고 다 버리고 떠날 때가 가까워집니다. 이제 작은 집으로 이사 가 홀가분하게 떠날 때를 맞이하고 싶습니다. 사랑한 만큼 사랑받고, 베푼 만큼 도움을 받습니다. 심지도 않고 거두려고만 몸부림쳤던 그 부끄러운 나날들을 여의고 이제 살아 있다는 것만으로 고마워하고, 함께 있다는 것만으로 감사합니다.

우리는 다 길 떠날 나그네들입니다. 세상을 떠나는 사람의 가장 중요한 일은 최후의 일념을 청정히 하는 것입니다. 그리고 세상에 나서는 이의 가장 중요한 일은 최초의 발원을 크게 세우는 일입니다. 마지막 길 다 떠날 인생, 최후의 일념을 청정히 하고 내생의 서원이니 크게 세우고 가고 싶네요!

G선상의 아리아

바이올린 연주가 '파가니니(1782~1840)'라는 사람이 있었습니다. 이탈리아의 바이올린 연주가이며 작곡가로, 아름다운 음색과 고도의 기교를 구사한 화려한 연주로 유명합니다. 그는 바이올린 연주 기교에 일대 변혁을 일으키며 인기를 한 몸에 받았습니다. 1793년에 데뷔해 1797년 아버지와 함께 롬바르디아 순회 연주를 하며 명성을 쌓았지만 도박과 연애에 빠져 바이올린을 저당 잡히기도 했습니다. 그런 파가니니가 1831년 파리와 런던 공연에서 대성공을 거두고, 1832년에 영국과 스코틀랜드 순회 연주로 부자가 되었습니다.

이태리가 낳은 천재적인 바이올리니스트 파가니니가 어느 날 음악 애호가들이 모인 연주회장에서 연주회를 가졌답니다. 그러나 불행하게도 연주 도중에 줄이 하나 끊어져 버렸습니다. 그럼에도 이 파가니니는 아랑곳하지 않고 남은 세 줄을 가지고 계속 연주를 해나갔습니다. 그런데 조금 있다가 또 한 줄이 끊어집니다. 그리고 조금 있다가 또 한 줄이 끊어집니다. 이젠 줄이 하나밖에 남지 않았습니다. 청중들이 대단히 미안해하고 당혹해하면서 오늘 이 연주야말로 파가니니에게 있어 최고로 불행한 연주회가 될 것이라고 생각했습니다. 그러나 파가니니는 청중들을 바라보고 잠시 음악을 멈추더니 그 남은 한 줄을 가지고 완벽한 음악을 만들어 냈습니다. 바로 그 사건이 지금까지도 파가니니를 그토록 유명하게 만든 〈G선상의 아리아〉인 것입니다.

바이올린에는 네 줄이 있습니다. 음색이 가장 낮은 줄은 G선입니다. 때론 G선만 가지고도 파가니니처럼 아주 훌륭한 음악을 연주해 낼 수가 있습니다. 만약 내 인생의 어느 때에, 내가 그토록 의지했던 줄이 끊어져 나갈 때 어찌하면 좋을까요? 물질의 줄, 명예의 줄, 가정의 줄, 사랑의 줄 등등 내가 가지고 있는, 내가 의지할 수 있었던 모든 줄들이 끊어지고 가장 낮은 G선만 남았을지라도, 우리는 아름다운 음악을 만들어 낼 수 있습니다.

인간은 살아가면서 위기에 봉착할 수 있습니다. 그럴 때〈G선상의 아리아〉처럼 우리는 사람들의 관계성에서 그 위기를 탈출할 방법을 찾아야 합니다. '삶은 곧 관계'라고 해도 과언이 아닙니다. 많은 관계를 맺고 살아가는 것이 우리 인생입니다. 인간관계는 모든 관계의 중추적인 역할을 하는 것입니다. 그래서 우리는 인간관계를 통해서 모든 관계를 맺고, 인생을 성공으로 이끌 수 있는 것입니다. 즉, 좋은 인간관계를 통해서 모든 것이 좋은 관계로 이어지고, 좋지 않은 인간관계를 통해서 모든 것이 좋지 않은 관계로 이어집니다. 그렇기 때문에 우리 인생의 위기 탈출은 인간관계 속에서 찾아야 할 것이 아닌지요?

이렇게 중요한 것이 인간관계인데, 적잖은 사람들이 관계를 소홀히 하거나 관계에 실패하여 어려움을 겪는 경우를 많이 봅니다. 우리가 인간관계에서 놓쳐서는 안 되는 몇 가지 중요한 요소들이 있습니다. 이 요소들을 적절하게 잘 활용한다면 인간관계에 있어서 매우 소중한 열매를 얻게 될 것이라고 생각을 합니다.

첫째, '위로'입니다. 인생이란 살다 보면 도움을 줄 때도 있고, 도움을 받을 때도 있습니다. 그리고 위로를 필요로 할 때도 있고, 남을 위로할 때도 있는 것이지요. 따라서 우리는 평소 위로를 필요로 하는 사람에게 얼마나 위로를 하고 있는지 돌아보아야 할 것입니다. 의외로 현대인들은 위로를 기다리며 살고 있는 것 같습니다. 위로는 사람들을 두려움에서 건져 내고, 희망을 가지고 살게 하는 위력을 갖게 하는 것입니다. 그리고 위로는 인생을 살아가면서 없어서는 안 될 필수 요소이자 사람과 사람 사이의 관계를 돈독하게 하는 최고의 양약이 될 수 있습니다. 상황이 좋을 때는 다른 사람이 베푸는 호의에 둔감합니다. 그러나 어려운 상황이 닥치면 간단한 위로의 한마디가 얼마나 크게 작용하는지 모릅니다.

그래서 슬픈 일이나 힘든 일이 있을 때는 반드시 찾아가 위로하는 것은 인간관계의 지혜라고 할 수 있습니다.

둘째, '관심'입니다. 모든 사람이 관심을 받고 싶어 하고 인정받고 싶어 하는 것은 인지상정입니다. 그 누구도 관심을 갖지 않고 인정을 해주지 않는다면 왜 내가 존재해야 하는지, 왜 살아야 하는지 회의를 갖게 될 것입니다. 관계는 관심에서 출발합니다. 관심에는 힘이 있습니다. 관심이 없는데 사랑이 불탈 수 없습니다. 사랑하지 않는 데에 열정은 없습니다. 그런데 안타깝게도 오늘날 많은 사람들이 관계 속에서 너무나 많은 상처를 받습니다. 그래서 관계에 대해서 무관심하게 살아가거나 아예 관계를 끊고 살아가는 사람들도 있지요. 우리의 관계 속에서 아픔이 있고 상처가 있는 것은 남이 내게 고통을 주고 상처를 주는 말이나 행동을 했을 때일 것입니다. 자신은 그런 말이나 행동을 받기 싫어하면서 타인에게는 무분별하게 마구 던지는 말이나 행동이 우리의 관계를 병들어 가게 만드는 것이 아닐까요? 인간관계는 관심을 먹고사는 것임을 잊으면 안 됩니다.

셋째, '사과'입니다. 아무런 잘못 없이 완벽하게 인생을 살아가는 사람은 없습니다. 우리의 삶은 어떻게 보면 실수투성이인 인생이지요. 잘 하려고 하는 생각은 하지만 나도 모르는 사이에 그만 실수하여 후회하는 일이 다반사입니다. 그런데 다른 사람의 작은 실수를 우리는 쉽게 넘어가지 않습니다. "미안합니다." 이 한

마디의 말이 없어 평생을 원수 아닌 원수로 살게 되는 일이 비일비재합니다. 대개 사람들이 사과하는 일을 망설이는 것은 자존심 때문입니다. 그런데 좀 생각해 보면 잘못을 인정하고 진심으로 사과를 하는 것이 자신을 바르게 지키는 것입니다. 그러므로 사과할 수 있는 용기가 진짜 자존심을 지키는 일일 것입니다.

이처럼 우리 삶은 곧 '관계'입니다. 이 관계를 소홀히 하는 사람은 인생의 실패자요, 낙오자가 될 수 있습니다. 그러므로 〈G선상의 아리아〉처럼 인생의 성공 줄은 '위로, 관심, 사과' 이 세 가지 요소를 인간관계 속에서 잘 활용하는 것이 아닌지요!

행복의 원천

사람들은 저마다 좌우명을 놓고 삽니다. 저의 좌우명은 '웃음과 긍정'입니다. 그래서 어떻게든지 소리 내어 크게 웃습니다. 그리고 '공부와 사업에 긍정적이고 적극적이며 정열적으로 뛴다.'는 것이 생활화되어 있습니다. 아무리 어려운 일을 당해도 저는 부정적이기보다는 긍정적입니다. 또한 '행복한 사람이 웃는 것이 아니라 웃는 사람이 행복하다.'는 것을 저는 굳게 믿습니다.

웃음과 긍정은 행복을 표현하는 방법입니다. 그렇기 때문에 저는 늘상 모든 댓글과 일상생활에서도 "하하하하하하하하하!" 하고 쓰고, 또 통화 중에도 소리 내어 웃는 것을 생활신조로 삼고 있습니다. 웃음과 긍정은 '건강과 행복의 상징'이라고 합니다.

여섯 살 난 아이는 하루에 300번 웃고, 정상적인 성인은 하루에 겨우 열일곱 번 웃는다고 합니다. 어른들은 체면을 차리려고 하기 때문에 웃음에 인색한 것이 아닌지요? 유쾌한 웃음은 우리를 행복하게 만듭니다. 우리의 인생은 짧고도 짧습니다. 그 짧은 인생에 웃을 수 있는 여유가 있는 사람이 진정 행복한 사람입니다. 그러니까 남에게 웃음을 주는 사람은 자신은 물론 남도 행복하게 해 주는 사람인 것입니다. 웃음은 건강과 행복의 원천(源泉)입니다. 그래서 "소문만복래(笑門萬福來)"라고 하지 않았던가요?

아프리카나 인도인들은 욕심을 부리지 않고 자연의 순리대로 살아간다고 합니다. 그래서 남의 물건을 터무니없이 훔치거나 침범하지 않기에 웃음을 잃지 않고 평화스럽게 살아갑니다. 또한 오늘날 우리 주변에서 봐도 비록 배움은 적어도 순수한 마음을 지니고 살아가는 보통사람들은 웃음과 평상심을 잃지 않고 잘 살아갑니다,

우리가 손뼉을 치며 크게 웃거나(박장대소(拍掌大笑)) 체면 불구하고 마음껏 파안대소(破顔大笑)하면 근육에 공급되는 산소량이 증가하여 웃음만으로도 훌륭한 유산소 운동이 됩니다. 1분간만 잘 웃어도 30분 동안 운동한 효과와 같고, 박장대소나 배를 움켜쥐고 허리를 굽혀 갑자기 웃는 '폭소'는 생명을 하루 이상 연장할 수 있다고 합니다. 그러나 화를 내고 긴장, 초조해하면 체내에서 건강에 좋은 '엔도르핀'이나 '도파민'이 증가하기는커녕 '아드레날린'이 증가하여 타액이나 위액 등의 분비도 감소된다고 합니다. 따라서 몸의 기능이 떨어지고, 반복되면 여러 가지 질병을 유발하

게 되는 것이지요.

웃음에는 두 종류가 있다고 합니다. '뒤센(Duchenne) 웃음'과 '팬 아메리칸(Pan American) 웃음'입니다. 18세기 프랑스 심리학자 기욤 뒤센(Guillaume Duchenne)이 처음 발견한 것을 '뒤센 웃음(Duchenne Smile)'이라고 합니다. 이 웃음이야말로 마음에서 우러나온 '진짜 웃음'이지요. 웃을 때는 양 입 꼬리가 위로 올라가고, 눈 꼬리에 까마귀나 매 발 같은 주름살이 생깁니다. 또 다른 웃음은 팬 아메리칸 항공사의 승무원들이 출연한 광고에서 웃었던 웃음을 빗댄 '팬 아메리칸 웃음'을 말합니다. 이 웃음의 특징은 마음에서 우러나오지 않는 상업적인 '가짜 웃음'이지요.

캘리포니아 버클리대학교의 켈트너(D. Keltner)와 하커(L. Harker) 교수가 1960년 밀스대학의 졸업생 141명을 대상으로 실시한 연구가 있습니다. 졸업앨범에서 3명을 제외한 모든 여학생이 웃고 있었고, 그중에 뒤센 웃음을 하고 있는 사람은 절반 정도였다고 합니다. 이 여학생들이 27살, 43살, 52살이 될 때마다 결혼생활 만족도를 조사했습니다. 놀라운 사실은 뒤센 웃음을 짓고 있던 여학생들은 대부분 30년 동안 행복하게 결혼생활을 유지하고 있었습니다. 진짜 웃음을 짓는 사람이 행복한 결혼생활을 할 가능성이 높다는 것을 확인한 셈이지요.

펜실베이니아 대학교의 유명한 마틴 셀리그먼(Martin Seligman) 교수는 1980년도에 심장마비 환자 96명을 조사했습니다. 그중에 낙관적인 사람, 즉 잘 웃고 즐거워하는 사람은 5명밖에 안 죽었는데, 비관하는 사람은 거의 대부분이 다 죽었다고 합니다. 기뻐하고 즐거워하는 것이 심장병에도 큰 도움이 된다는 것이 입증된 것이지요. 또 다른 연구에서는 수녀 집단을 살펴보았습니다. 그 결과 긍정적이고 활기차게 지낸 수녀 집단은 90%가 85세까지 산 반면, 무미건조하게 지낸 수녀 집단 중 85세까지 산 사람은 34%에 불과했습니다.

이러한 연구들은 웃으며 밝게 살고 긍정적으로 사는 사람은 그렇지 않은 사람보다 더 행복하게, 더 오래 사는 경향이 있음을 보여 주고 있습니다. 그래서 웃음과 긍정은 행복의 원천이라고 볼 수 있습니다.

긍정적인 정서와 사고가 가지는 공통적인 사실은 기쁨과 환희, 만족감, 행복을 잘 찾고 누린다는 것입니다. 자신이 사고(思考)를 건강하게 유지하고, 잘 될 수 있다는 자신감은 긍정적인 사고에서 만들 수 있습니다. 문제는 선택입니다. 삶이 어렵더라도 타인과 비교하며 비관하는 삶보다 자신감을 가지고 긍정적인 안목으로 현실을 바라본다면 분명히 행복은 우리 자신에서 시작되는 것을 발견할 수 있을 것입니다.

발칸 반도의 세르비아에는 죽은 아들 앞에서 부모가 계속 웃으니까 그 죽은 아들이 살아났다는 전설이 있다고 합니다. 그리고 부탄에는 고아도, 노숙자도 없다고 합니다. 가난하지만 마음의 평화를 갈망하는 자신들만의 고유함을 지키고 살아가는 것이지요. 부탄 사람들의 행복 조건에는 '당당한 자존감'이 있습니다. 도시든 산골이든 부탄에서 만난 부탄 인들의 복장은 언제나 정갈하고 상대를 배려하는 예의가 몸에 배어 있습니다. 부탄 사람들 말로는 그러한 인간에 대한 예의를 어려서부터 가족에게 배우고, 학교에서 배우고, 마을 어른들에게 배우고, 걸어서 가는 등굣길에서, 수업이 끝나고 뛰어노는 대자연의 섭리 속에서 배운다고 합니다. 그렇게 자란 부탄 인들은 어느 곳, 누구 앞에서도 인간으로서 당당합니다.

부탄 인의 강한 자존감은 대단합니다. 돈과 명예를 내세우며 강한 자존심을 내세우는 우리들과 가난하지만 가난하지 않음을 오히려 불편하게 여기는 부탄 인들의 강한 자존감, 이것이 바로 행복의 차이를 만들어 내는 요소가 아닐는지요.

행복의 원천은 '웃음과 긍정'입니다. 어차피 사는 한평생 우리, 매사를 '긍정적이고 적극적이며 정열적'으로 살아가는 것입니다. 그리고 언제나 큰 소리로 "하하하하하하!" 하고 웃는 것입니다. 그럼 모든 고난이 눈 녹듯이 사라집니다. 이것이 행복의 비결 아닌지요?

부부나무

젊은 시절엔 온통 밖으로만 나돌다가 이 나이에서야 아내의 소중함을 뼈저리게 느낍니다. 도대체 이 남편이란 족속들은 어떤 존재일까요?

'남편'은 아내가 자신의 배우자를 가리키는 호칭입니다. 우리의 전통적인 관념에 의하면 아내와 남편은 대등한 관계에 있는 것으로 파악되지 않았습니다. 가계(家系)는 남자 계통으로 이어져야만 하는 것으로 간주되었기 때문에 가정의 주축은 남자, 즉 남편이요, 아내는 단지 가계의 존속을 위하여 보조적인 수단으로 파악되었습니다. 이러한 맥락에서 우리 문화에서의 남편의 개념을 밝히기 위해서는 가정생활 및 부부관계에서 남편의 위치를 파악할 필요가 있을 것 같지 않을까요?

전통사회에서는 '남편'이란, 단지 아내의 배우자 이상의 지위를 차지하고 있는 사람이라는 점을 분명히 읽을 수가 있습니다. 즉, 남편·신랑·사내·부군·아이 아버지 등의 호칭은 단지 아내의 배우자를 지칭하는 것에 불과하다고 합니다. 그러나 영감·사랑양반·가장·우리 집 주인·주인어른·나으리 등의 호칭은 남편이 한 가정의 주축이요, '우두머리'라는 뜻을 내포하고 있음이 분명합니다. 더러는 남편과 아내를 각기 '하늘'과 '땅'에 비유하는 것도 이러한 맥락에서 이해되어야 할 것 같습니다. 이것은 곧 전통사회의 가족생활에서 남편은 권위를 행사하고, 아내는 상대적으로 예속적인 지위를 벗어나지 못했다는 점을 잘 말해 주고 있는 것입니다.

우리의 전통적인 친족제도는 부계제를 따르고 있기 때문에 가족의 중심이 '남자', 즉 '가장' 또는 '남편'이어서 부부관계는 결코 대등한 관계로 인식되지 않았습니다. 혼인에서도 아내는 남편의 가문으로 옮겨 와서 흡수되는 것이고, 서구사회에서와 같이 남녀 두 사람이 결합하여 새로운 가정을 만든다는 개념은 거의 찾아볼 수가 없었지요. 또 아내는 두 남편을 섬겨서는 안 된다고 하여 비록 남편과 사별하더라도 개가(改嫁)하는 것은 바람직하지 못한 것으로 간주되었습니다. 친정의 가문을 더럽히는 것으로 간주되었기 때문이지요. 그러기에 남편의 생사와 관계없이 아내는 시댁에 남아 자신의 구실을 다할 것이 요구되었습니다.

우리나라의 민요에는 부인들의 남편에 대한 원망과 한을 노래한 이른바 '남편요(男便謠)'가 적지 않습니다. 그 대부분이 시부모를 모시고 고생하면서 살고 있는 아내에게 도움도 주지 못한 채 속이나 썩이고 고통이나 주는 등 귀찮은 존재로서의 남편에 대한 한탄의 내용을 담고 있습니다.

그러나 현대가족에서의 가장, 즉 남편들은 종래의 농경생활에서와는 달리 하루 일과의 거의 대부분을 가정 바깥에서 보냅니다. 반면에 가정생활은 거의 대부분이 아내에 의하여 주도되고 있지요. 이런 생활양식의 변화로 남편의 전통적인 권위는 점차 상대적으로 약화되고 있는 것이 사실입니다. 현대가족에서 남편의 권위가 약화 내지 축소되었다는 점은 아내인 여성의 지위 상승과 결코 별개의 것은 아닙니다. 사실상 현대사회에서의 생활양식은 전통사회에서처럼 남편의 강력한 권위를 뒷받침해 주지 않습니다. 그래서 그런지 이제 남편이란 존재는 거의 애물단지로 전락하는 것 같지 않은지요?

MBC 라디오 〈여성시대〉에서 소개되어 감동을 주었던 글이 있습니다. '남편나무'라는 제목이지요. '남편'이라는 나무가 내 옆에 생겨 바람도 막아주고, 그늘도 만들어 주니 언제나 함께하고 싶고 사랑스러웠다고 합니다. 그런데 언젠가부터 그 나무가 싫어지기 시작했답니다. 그 나무 때문에 시야가 가리고 항상 돌봐줘야 하기 때문에 하고 싶은 것을 하지 못할 때도 많았다고 합니다. 사랑하는 나무이기는 했지만, 그런 나무가 싫어지더니 밉기까지 했답니다. 그러더니 어느 날부터 나무는 시들기 시작했고, 죽어가기 시작하더니 심한 태풍과 함께 찾아온 거센 비바람에 그만 쓰러지고 말았다고 합니다. 그저 바라만 보았던 아내는 그 나무가 없어도 충분히 살 수 있다고 여겼던 자신의 생각이 틀렸다는 것을 깨닫기까지는 그리 오랜 시간이 걸리지 않았다고 합니다. 사랑을 주지 않아 쓰러져 버린 남편나무가 자신에게 얼마나 소중한지 말입니다. 이미 늦었지만, 이제는 쓰러진 나무를 일으켜 다시금 사랑해 줘야겠다면서 서로가 서로에게 너무나 필요한 존재임을 다시 알게 되었다고 합니다. 남편이란 나무는 '사랑'이란 거름을 먹고 산다는 그런 사연이었습니다.

어떻습니까? 이제는 일방적이고 굴종적(屈從的)인 부부관계란 있을 수 없습니다. 서로 아끼고 사랑하고 보듬지 않으면 남편이든 아내든 그 나무는 시름시름 앓다가 쓰러지고 맙니다.

제가 나이 들어 다리도 아프고 눈도 아파 남편나무가 시들어 갑니다. 그런 저에게 아내는 저의 지팡이이며 눈이고, 보호자입니다. 어찌 그런 아내가 소중하고, 고맙고, 사랑스럽지 않겠습니까? 그러나 일방적인 사랑은 없습니다. 요즘 그 일방에서 벗어나 쌍방의 사랑하는 방법을 찾았습니다. 온종일 집안일을 하며 남편을 돌보느라 힘들어하는 아내에게 저녁에 온몸을 주물러 주는 것입니다. 저는 이 일에서 기쁨을 느낍니다. 그나마 남편 노릇을 조금이나마 하는 것 같아서지요. 이제야 우리 집의 부부나무가 싱싱하게 피어나네요!

부부의 도는 첫째 '화합'입니다. 부부가 서로 경애(敬愛)하고 그 특성을 서로 이해하며 선(善)은 서로 권장하고 허물은 서로 용서합니다. 둘째는 '신의(信義)'입니다. 부부가 서로 그 정조(貞操)를 존중히 하고, 세상에 드러난 큰 악이 아니고는 어떠한 과실이라도 관용하고 끝까지 고락을 함께하는 것입니다. 이 부부의 도를 실행하면 부부나무는 언제나 푸르고 풍성한 열매를 거둘 것이 아닌지요!

돌감자의 향기

'강원도 감자바위'라는 말이 있습니다. 이 말은 강원도가 '감자바위'라는 애칭으로 전 국민들의 사랑을 받는 단어지요. 옛날부터 강원도는 산세가 험하여 농작물을 수확할 수 있는 넓은 토지가 없었습니다. 그러다 보니 화전민들에 의해 산비탈을 개간하여 감자를 많이 심어 주식으로 애용했습니다. 그래서 생긴 별칭이 '감자바위'가 아닐까요?

우리에게 '감자바위'라는 별칭은 우직스럽고 순박하고 순진한 뜻으로 다가옵니다. 그런데 감자 중에도 돌감자가 있네요. 이 돌감자는 제대로 준비된 땅이 아니고 모래 반, 돌 반의 척박한 땅에서 생산됩니다. 감자를 캐면 돌이 떨어지지도 않고 감자처럼 붙어 있습니다. 우리는 이 척박한 땅에서 살아난 돌감자를 보며 아무리 힘들어도 이겨 낼 수 있는 힘을 얻습니다.

우리 〈덕화만발〉 가족 중에 돌감자 박무웅님이 계십니다. 현재 속초문화원장으로 일하고 계시지요. 박무웅 원장님은 "돌 위에 감자꽃을 피우는 마음으로 척박한 지역의 문화 환경 속에서도 예쁜 문화의 꽃을 피우도록 노력한다."고 하십니다. 이 돌감자 박무웅 원장님이 지난 1975년 '돌감자장학회'를 설립했습니다.

40여 년 전 박무웅 원장님은 서울시청 공무원으로 일하면서 받는 빠듯한 월급을 쪼개어 형편이 어려운 시골 학생들을 남모르게 돕기 시작했습니다. 어렵게 공부한 자신의 지난날이 늘 가슴에 남아 있었기에 어려운 환경에 처한 아이들을 조금이라도 돕자는 순수한 마음 하나로 혼자서 시작한 일이었지요.

그러나 부인조차 모르던 이 일이 하나둘 학생이 늘어나면서 식구들과 주위에 알려졌고, 결국 1983년에는 돌감자처럼 순수한 마음을 나누며 살자는 뜻에서 '돌감자'라는 이름의 장학회를 정식으로 결성하기에 이르렀습니다. 그 후 근 수십 년 동안 장학회의 도움으로 무사히 학교를 졸업한 아이들이 성인이 된 뒤에도 더 어려운 아이들을 후원하겠다고 나서 현재는 그 숫자가 한국은 물론 중국, 베트남까지 수천 명의 회원들이 널려 있습니다.

'돌감자장학회'의 목표는 참사람을 길러 내는 것입니다. 대부분의 장학회가 덩그러니 돈 몇 푼 내주고 할 일을 다했다는 식입니다. 그러나 돈보다 더 중요한 것은 마음을 나누는 일입니다. 아이들에게 지속적인 관심과 사랑을 쏟아 그들이 참된 인간됨됨이를 갖출 수 있도록 꾸준히 돌봐 주는 것이지요.

장학생 선발은 동사무소에서 추천을 받거나 때로는 박 원장님이 직접 도움이 필요한 학생을 찾아 나서기도 합니다. 장학회에서 눈여겨보는 아이들은 주로 소년소녀 가장이나 어려운 살림의 농어촌 아이들, 그리고 공부를 잘하는 아이보다는 오히려 공부를 못하고 문제를 일으키기 쉬운 학생들을 뽑습니다.

특히 중국에서는 독립운동가의 후손들이 너무 힘겹게 사는 것을 목격하고 그들을 조금이라도 돕겠다고 회원으로 뽑습니다. 또한 베트남에서 회원을 뽑는 이유는 월남전 당시 마구 씨를 뿌려 태어난 '라이따이한'들의 어려운 사정을 보고 죄책감을 느껴 대신 속죄하는 기분으로 선발하고 있다고 합니다. 얼마나 마음이 마냥 따뜻해지는지 모르겠네요.

그 돌감자 박무웅 원장님이 모처럼 서울 나들이를 왔다가 저의 누옥(陋屋) '덕산재'를 다녀가시고 이런 편지를 보내 오셨습니다.

덕산 김덕권 선배님!

3일간 서울, 철원 DMZ, 예산 등의 나들이를 하느라 감사의 인사가 늦었습니다. 그리고 〈三苦와 三禁〉 글도 잘 읽었어요. 갑작스런 방문인데도 조금도 불편함을 주지 않으신 두 분께 감사드립니다. 특히 후세에 영명(英名)을 남긴다는 5차 죽음을 명심하겠습니다.

앞으로 선배님의 향기 따라 열심히 즐겁게 살도록 다시 한 번 다짐해 봅니다. 〈덕화만발〉 글 쓰시는 것 앞으로 10년은 더 하셔야 되오니 맛있는 거 많이 드십시오. 금년 여름에는 설악산 맑은 공기 마시고 자란 옥수수 보내드릴 겁니다. 오늘 오후에는 설악서당 갔다가 제가 지금 짓고 있는 장학회관 '笑笑亭'으로 일하러 갈 겁니다. 건강하세요!

2016년 4월 11일 돌감자 박무웅 드림

어떻습니까? 돌감자님은 참 좋은 풍경 같은 사람 아닌가요? 돌감자처럼 생겼어도 우리에게 기쁨을 주는 아름다운 배경이 되는 사람입니다. 어떤 날은 빗방울 내리는 풍경으로 회색빛 도시의 창을 두드리며 닦아 주는 사람이 됩니다. 그리고 또 어떤 날은 눈부신 햇살로 다가와 환한 얼굴의 미소로 안아 주는 풍경으로 남는 사람이지요.

살면서 가장 행복한 사람은 사랑을 다 주고도 더 주지 못해서 늘 안타까운 마음을 가진 사람이라 했습니다. 살면서 가장 축복받는 사람은 베푸는 것을 미덕으로 여기며 순간의 손해가 올지라도 감수할 줄 아는 사람일 것입니다. 살면서 가장 마음이 넉넉한 사람은 욕심을 부릴 줄 모르는 사람입니다. 그리고 비움이 곧 차오름을 아는 사람이지요. 또한 살면서 가장 존경받는 사람은 덕을 베풀고 남을 먼저 생각하는 사람입니다. 살면서 가장 보람을 느끼는 사람은 일에 대한 보상과 이득을 따지지 않고 조금은 바보처럼 손해를 보고 무조건 베풀며 세상을 위해 맨발로 뛰는 사람입니다.

살면서 가장 용기 있는 사람은 자기 잘못을 뉘우치고 남의 잘못을 용서할 줄 아는 사람입니다. 살면서 가장 지혜로운 사람은 진정한 사랑의 의미를 깨닫고 실천하는 사람입니다. 살면서 가장 가슴이 따뜻하고 예쁜 사람은 원망할 일도 감사의 마음으로 돌리는 사람입니다. 살면서 가장 아름다운 사람은 세상을 욕심 없이 바라보는 따뜻한 가슴을 지닌 사람입니다.

언제나 한결같고 끊임없이 덕(德)을 베푸는 사람이 돌감자 같은 사람입니다. 그래서 '덕(德)'이라는 글자를 '큰 덕' 자라 하는 것이지요. 덕은 능히 육도(六道 : 天上, 人間, 修羅, 畜生, 餓鬼, 地獄)와 사생(四生 : 胎, 卵, 濕, 化)을 감화시킬 근본입니다. 이 위에 더 큰 것은 없습니다. 언제나 따스함과 포근함이 묻어나는 돌감자의 향기가 온누리에 퍼져 가면 얼마나 좋을까요?

삼고와 삼금

인생이란 무엇일까요? 무엇을 얻고 무엇을 찾으려고 태어났나요? 아무리 애를 써도 얻을 수 없고 찾을 수 없는 것이 인생살이입니다. 어쩌면 고통, 슬픔, 괴로움, 아픔 속에 살다가 죽는 것을 인생이라 할 수 있을 것입니다. 이것을 경전에서는 한 마디로 "생로병사(生老病死)의 사고(四苦)"라고 합니다. 그러니까 생로병사의 길을 가는 것이 인생이지요.

그런데 '생(生)'도 어머니 뱃속에서 나오는 것만이 생이 아닙니다. 태어나서 어머니의 품에서 벗어나고도 적어도 30세까지는 배우고 단련하고 자라는 것입니다. 그리고 '노(老)'는 30세 이후 점차 늙어 가는 것을 말합니다. 늙어 가면서 50대까지는 돈도 벌고 가족도 부양하며 자식들 공부시키고 노후생활도 준비하는 것이지요. 이 늙어 가는 것도 두 가지가 있습니다. 하나는 '노숙기(老

熟期)'이고, 다른 하나는 '노쇠기(老衰期)'입니다. 노숙기는 인생의 절정기로 익어가는 것이고, 노쇠기는 60세부터 죽음을 준비하는 기간이지요. 또한 '병(病)'과 '사(死)'는 같은 것입니다. "약존약망(若存若亡)"이라 했습니다. 죽을 것도 같고 살 것도 같다는 뜻이지요. 그런데 이 노(老)·병사(病死)가 우주의 진리이고 자연의 순리인데, 사람들은 늙어갈수록 아프지 않으려고 발버둥을 치고 죽지 않으려고 몸부림을 칩니다. 잘 죽어야 잘 태어날 수 있는데 말입니다.

죽는 것에도 몇 가지 단계를 거칩니다. 1차 죽음은 숨이 멎는 것입니다. 2차 죽음은 체온이 식어가지요. 3차 죽음은 몸에서 수분이 다 빠져나갑니다. 4차 죽음은 백골이 되어 지수화풍(地水火風) 사대(四大)로 흩어지는 것입니다. 그런데 5차 죽음도 있습니다. 우리의 인생이 오래도록 사람들의 기억 속에 남아 있는 것이지요. 천추(千秋)에 빛나는 이름도 있고, 죽자마자 사람들의 뇌리에서 사라지는 허무한 죽음도 있습니다.

우리가 죽으면 어떤 모습으로 기억될까요? 나쁜 일만 하다가 가는 사람은 사람들이 기억조차 하지 못합니다. 좋은 일만 하다 떠나는 사람은 사람들의 칭송 속에 좋은 곳으로 갑니다. 어차피 사는 인생 널리 베풀고 공덕을 높이 쌓아 많은 사람들의 추모담(追慕談)을 들으며 천년만년 그 이름을 드날리면 어떨까요?

생로병사란 어차피 '고통'입니다. 그래서 인생이 '고해(苦海)'라

하지 않던가요? 그런데 그 '고(苦)' 가운데 노쇠기에 들어 더욱 고통 속에서 산다면 그보다 더한 괴로움과 비참함은 없을 것입니다. 이 노쇠기에는 '삼고(三苦)'와 '삼금(三禁)'이 따릅니다. 이것을 알아야 인생을 아름답게 마무리할 수 있는 것이지요.

우선, '삼고(三苦)' 중 첫째는 '빈고(貧苦)'입니다. 우리가 젊어서는 쓰러져도 다시 일어설 수 있습니다. 그러나 늙으면 정열이 사라져 일어날 수 없습니다. 그래서 늙고 병들면 어디서 돈도 빌릴 수 없는 처량한 신세를 면할 수 없습니다. 이 병고를 이기지 못해 많은 노인들이 우울증에 걸리고 스스로 목숨을 끊게 되는 것이지요. 둘째는 '병고(病苦)'입니다. 늙으면 있는 돈 다 병원에 갖다 바칩니다. 병원엘 가면 거의 노인들만 득시글거립니다. 약도 한보따리씩 타옵니다. 그나마 우리나라는 의료제도가 잘 갖추어져 있어 다행입니다. 그런데도 병원에 치료비를 갖다 바칠 여유가 없는 사람은 어찌하면 좋을까요. 셋째는 '독고(獨苦)'입니다. 외로워서 못 삽니다. 가진 재산이나 있으면 사람들이 몰려들겠지만 노후자금마저 없으면 자식들도 외면하는 세태 아닌가요? 지금 일어나는 모든 고독사(孤獨死)가 다 이 독고에서 일어나는 일입니다.

다음은 '삼금(三禁)'입니다. 우선 첫째로, '노욕(老慾)을 부리지 않는 것'입니다. 늙어 감당하지 못할 일을 하는 것이 '노욕'이지요. 늙으면 진리를 연마하고 정신을 수양하는 것입니다. 늙어 내려갈 줄도 모르고 국회의원 한 번 더 하려고 발버둥치는 사람을 보면 여간 추해 보이는 것이 아닙니다. 늙으면 재산도, 명예도, 권력도 다 내려놓아야 합니다. 그것이 추하게 늙지 않는 방법이지요. 둘째로, '추억담을 하지 않는 것'입니다. 왕년의 추억담을 금하는 것입니다. 젊은 시절 뛰고 날지 않은 사람 없습니다. 옛날에 아무리 잘나가던 사람이라도 현재 별 볼 일 없으면 무시당하기 십상이지요. 셋째로, '중담(重談)을 하지 않는 것'입니다. 중담은 한 얘기 또 하는 것을 말합니다. 늙으면 잔소리가 많아지지요. 그럼 젊은이들의 기피 인물이 되기 쉽습니다. 공부를 하는 것입니다. 새로운 소식과 지식을 얻어 신선하고 유익하고 재미있는 말을 하면 사람들에게 외면 받고 살지는 않을 것입니다.

어느 날 몇몇 제자들이 소크라테스에게 물었습니다.

"인생이란 무엇입니까?"

소크라테스는 제자들을 사과나무숲으로 데리고 갔지요. 소크라테스는 제자들에게 과수원 끝에서 끝까지 걸어가며 각자 가장 마음에 드는 사과를 하나씩 골라 오도록 했습니다. 단, 다시 뒤로 되돌아갈 수 없으며, 선택은 한 번뿐이라는 조건을 붙였습니다. 학생들은 사과나무숲을 걸어가면서 유심히 관찰한 끝에 가장 크고 좋다고 생각되는 사과를 하나씩 골랐습니다.

"모두 제일 좋은 열매를 골랐겠지?"

학생들은 서로의 것을 비교하며 아무 말도 하지 않았습니다.

"왜 자기가 고른 사과가 만족스럽지 못한가 보지?"

"선생님, 다시 한 번만 고르게 해주세요."

소크라테스는 껄껄 웃더니 단호하게 고개를 내저으며 진지한 목소리로 말했습니다.

"그게 바로 인생이다. 인생은 언제나 단 한 번의 선택을 해야 하거든."

어떻습니까? 우리는 살면서 수없이 많은 선택의 갈림길 앞에 서지만 기회는 늘 한 번뿐입니다. 어떤 인생을 사시겠습니까? 삼고와 삼금을 여의고 '불생불멸의 진리', '인과보응의 진리'를 확연통철(廓然通徹)하여 그 영명(英名)을 길이 천추에 떨치시면 어떨는지요!

열부

'열부(烈婦)'라는 말이 있습니다. 사전에 보면, 열부는 "기혼녀로서 남편의 뒤를 따라 죽는 부인"을 이릅니다. 또 "목숨을 끊음으로써 강포자(强暴者)에 항거하는 부인"이라고 기록되어 있지요.

며칠 전 아내와 점심을 먹다가 제 식사와 일상사에 세심하게 마음을 써주는 것이 너무 미안해 "열부 났네, 열부 났어!" 하고 놀린 적이 있습니다. 놀리긴 했으나 생각해 보면 지금 이 나이에 아내마저 없다면 어찌했겠습니까? 잘 걷지도, 잘 보지도, 제대로 먹지도 못한다면 아마 저는 이렇게 살아 있지도 못했을 것입니다.

열부는 어느 나라 어느 시대에나 있는 법이지요. 그러나 지금이 조선시대도 아니고 목숨을 바쳐 정조를 지키는 열부가 얼마나 있을까요? 그러나 조선시대 전통사회에서는 수많은 과부들이 스스로 목숨을 끊어 '일부종사(一夫從事)', '불경이부(不更二夫)'의 예를 지켰던 것입니다. 우리의 열부와는 다르지만 다른 모습의 영국판 감동의 열부가 있어 소개합니다. 영국 지하철 안내 방송에 얽힌 감동 실화지요.

2012년 영국 런던의 엠뱅크먼트 역에 매일 아침이면 이 전철역을 찾아오는 60대 여인이 있었습니다. 그런데 그녀는 전철을 이용하지 않고 하루 종일 승강장에 앉아 있다가 그냥 돌아갑니다. 그녀의 이런 행동이 수개월째 반복되자 역무원들은 그녀를 '의문의 여인'이라고 부르기 시작합니다. 그러던 2012년 11월, 수개월째 조용히 승강장에 머물러 있던 그녀가 갑자기 다급한 목소리로 역무원을 찾았습니다. 역무원에게 다가간 그녀는 울먹이며 "Mind the gap"이라는 말을 계속 반복합니다. 'Mind the gap'은 열차 탑승 시, 열차와 승강장 사이의 틈을 조심하라는 안내 메시지이지요. 그녀는 왜 이 안내 문구를 말하며 울먹인 걸까요? 그녀의 사연은 20년 전으로 거슬러 올라갑니다.

그녀의 이름은 마가렛, 1992년 모로코로 휴가를 떠난 그녀는 공항에서 자신의 이름을 부르는 매력적인 목소리를 듣게 됩니다. 목소리의 주인공은 당시 여행의 가이드를 맡았던 '오스왈드'였지요. 여행에서 우연히 만난 마가렛과 오스왈드는 사랑에 빠지게 되었고, 둘은 11년의 연애 끝에 2003년 결혼을 하게 됩니다. 남편 오스왈드는 배우를 꿈꾸며 혼신의 노력을 다했지만 크게 빛을 보진 못했습니다. 그러나 오스왈드는 아내를 누구보다 아끼고 사랑했지요. 그러던 2007년 어느 날, 오스왈드는 심혈관 질환으로 갑작스럽게 세상을 떠나고 맙니다. 오스왈드가 떠나고 홀로 남은 마가렛은 자신을 한없이 사랑해 준 남편에 대한 그리움에 사무치게 됩니다. 절망감과 상실감에 휩싸인 마가렛에게 유일한 위안은 남편과 함께 찍은 사진을 보는 것뿐이었지요. 남편의 사진을 보며 하루하루를 버티던 그녀는 어느 날, 오스왈드가 젊은 시절에 전철의 안내 메시지를 녹음했다는 사실을 떠올리게 됐고, 그길로 마가렛은 집 근처 전철역으로 달려갑니다. 그녀가 전철역에서 남편 오스왈드가 녹음한 "Mind the gap"이라는 안내 방송을 듣는 순간 마가렛은 마음에 큰 위로를 얻게 됩니다.

이후, 그녀는 매일 전철역에 찾아가 남편의 목소리를 들으며 삶의 의미를 찾아갑니다. 그런데 안내 방송이 디지털로 전환되며 새로운 여자 목소리로 바뀌었고, 오스왈드의 목소리를 들을 수 있는 역이 사라지기 시작했습니다. 결국 영국에서 오직 엠뱅크먼트 역에서만 오스왈드의 목소리를 들을 수 있다는 사실을 알게 된 마가렛은 매일 집에서 180km 떨어진 엠뱅크먼트 역까지 찾아가 오스왈드의 목소리를 들었던 것입니다. 그런데 엠뱅크먼트 역마저 안내 방송이 디지털로 바뀌어 오스왈드의 목소리를 들을 수 없게 되자, 그녀는 다급히 역무원을 찾았던 것이지요.

이 안타까운 사연을 들은 역무원들은 다시 오스왈드의 목소리로 안내 방송이 나올 수 있도록 런던 교통국에 요청을 했습니다. 이 사실을 알게 된 런던 교통국은 마가렛이 집에서도 오스왈드의 목소리를 들을 수 있도록 안내 방송을 디지털로 복원해 선물합니다. 그뿐만이 아니라 런던 교통국은 엠벵크먼트 역에서만은 오스왈드의 목소리로 안내 메시지가 나올 수 있도록 조치를 했습니다. 그리고 현재까지 영국에서 유일하게 엠벵크먼트 역에서는 오스왈드의 목소리로 안내 방송이 나오고 있다고 합니다. "Mind the gap!" 그 목소리가 들리는 듯합니다.

가정의 비롯은 부부입니다. 그래서 부부간에는 도가 있어야 합니다. 성인도 "군자의 도는 부부로 비롯된다." 하셨지요. 부부의 도를 알아봅니다.

첫째, '화합'입니다. 부부가 서로 경애(敬愛)하고 그 특성을 이해하며, 선은 서로 권장하고 허물은 서로 용서하며, 사업은 서로 도와서 끝까지 알뜰한 벗이 되고 동지가 되는 것입니다.

둘째, '신의'입니다. 부부가 서로 그 정조를 존중히 하고, 방탕하는 등의 폐단을 없이 합니다. 그리고 세상에 드러난 큰 잘못이 아니고는 어떠한 과실이라도 관용하고 끝까지 고락을 함께하는 것이지요.

셋째, '근실(勤實)'입니다. 부부가 서로 자립하는 정신 아래 부지런하고 실답게 생활하여 넉넉한 가정을 이룩하는 것입니다. 또한 인류에 관한 모든 의무를 평등하게 지켜 나가는 것이지요.

넷째, '공익'입니다. 부부가 합심하여 국가나 사회에 대한 의무나 책임을 서로 충실히 이행하는 것입니다. 그리고 자선사업이나 교화 교육사업 등에 힘 미치는 대로 협력하는 것이지요.

어떻습니까? 부부라는 것이 이런 것이지요. 부부간에 도가 있으면 '열부(烈夫)'도 나고 '열부(烈婦)'도 나오는 것입니다. 우리, 이 부부의 도를 실행하여 서로 없으면 살지 못할 열부열부(烈夫烈婦)의 삶을 살아가면 어떨까요?

대덕의 성취

'덕(德·悳)'이란 무엇일까요? 원불교에서 제게 내려준 법명(法名)이 '덕권(德權)'이고, 법호(法號)가 '덕산(德山)'입니다. 왜 제게 '덕' 자를 겹쳐 내리셨을까요? 저는 그 의미를, 아마 전생에 덕을 너무 못 쌓았기 때문에 이생에서는 덕을 많이많이 쌓으라는 진리의 명령으로 여기고 살아갑니다. 그런데 아직 덕을 쌓은 것이 별로 없어 못내 안타깝네요.

'덕'은, 중국 최초의 자전인 『설문해자(設文解字)』에 따르면 "밖에서 사람이 바람직하고 안에서 나에게 얻어진 것"이라 했습니다. 즉, 덕은 인간이 스스로의 수양을 통해서 얻어지고 그것이 다시 실천을 통해 나타남을 말하는 것입니다. 그러나 이 덕은 매우 광범위한 영역을 포괄하는 다양한 내용을 가지기 때문에 크게 일반적 의미, 자의적 의미, 학문적 의미로 나누어 생각할 수 있습니다.

첫째, '일반적 의미'입니다. 일반적으로 덕은 인간의 삶에 나타나는 모든 종류의 바람직한 인격과 그 인격의 발현으로 나타난 결과를 뜻합니다. 예를 들어, '유덕(有德)'하다든가 '성덕군자(成德君子)' 등의 표현은 그 바람직한 인격을 의미하며, 공덕(功德)·은덕(恩德)·덕택(德澤) 등은 밖으로 드러난 결과를 뜻하는 것입니다.

둘째, '자의적 의미'입니다. 덕의 본 글자는 '덕(悳)'입니다. 허신(許愼)의 『설문해자』에는 "밖으로 다른 사람에게 바람직하고 안으로 나에게 획득된 것"이라 했습니다. 그리고 단옥재(段玉裁)는 그 주석에서 "안으로 나에게 획득된 것이란 몸과 마음에 체득된 것이요, 밖으로 다른 사람에게 바람직한 것이란 다른 사람이 혜택을 받도록 하는 것"이라 하였습니다.

셋째, '학문적 의미'입니다. 학문적 측면에서 덕이라는 개념은 유가사상과의 연관에서 큰 의미를 가집니다. 물론, 노장(老莊)을 비롯한 제자(諸子)의 사상에서도 이 '덕'이라는 개념이 문제가 되지만, 이 개념이 가장 중시된 것은 역시 유가사상이라 하겠습니다. 그것은 유가 정치사상의 핵심인 덕치주의(德治主義)의 근거가 되는 것이고, 윤리와 수양의 측면에서는 군자라는 바람직한 인간상과 연결되어 그의 인격 및 여러 덕성으로 표출되는 것입니다.

조선시대 명신으로 알려진 '송동춘'이라는 사람이 있었습니다. 그가 열 살 되었을 때 집안의 어른이 그의 총명함과 지혜를 알아보기 위해 질문을 했습니다.

"'감히 속이지 못하고, 차마 속이지 못하고, 능히 속이지 못한다.'는 말이 있는데, 이 세 가지가 어떻게 다른가?"

어린 송동춘은 이렇게 대답을 합니다.

"엄한 위엄이 있는 사람을 감히 속이지 못하니 이는 속이는 것을 두려워하기 때문이요, 어진 사람을 차마 속이지 못하니 이는 마음으로부터 그 사람에게 감복되었기 때문이며, 또 지혜가 있는 사람을 능히 속이지 못하니 이는 그의 밝은 지혜에 눌리기 때문입니다."

그의 대답에 어른은 그 세 사람 중에 누가 가장 나은가를 다시 물었습니다.

"차마 속이지 못하는 사람은 그 사람의 덕으로 인해 속일 마음 자체가 사라져 속일 수 없으니 가장 상위입니다. 능히 속이지 못하는 사람은 그 사람이 지혜롭기 때문에 그만한 지혜를 갖지 못한 사람은 그를 능히 속일 수 없으므로 두 번째에 해당합니다. 감히 속이지 못하는 사람은 그 사람이 가지고 있는 지위나 위엄으로 말미암아서 속이지 못할 뿐이니 하위에 해당합니다."

이처럼 덕은 사람으로서 갖추어야 할 인품 가운데 가장 으뜸이라 할 수 있습니다. 예로부터 우리 조상들은 사람으로서 올바른 됨됨이를 갖추기 위해서 덕을 세우고 자신을 낮추라고 가르쳤습니다. 덕은 우주의 대도가 행함으로써 나타나는 결과와 인도를 행함으로써 나타나는 은혜의 의미입니다. 곧 천지의 도가 행함으로써 나타나는 '화육(化育)'을 일컬으며, 인도를 행함으로써 나타나는 '은혜'를 말하는 것이지요.

이렇게 '덕'이라 하는 것은 쉽게 말하면 어느 곳, 어느 일을 막론하고 오직 은혜가 나타나는 것을 이름입니다. 하늘이 도를 행하면 하늘의 은혜가 나타나고, 땅이 도를 행하면 땅의 은혜가 나타나며, 사람이 도를 행하면서 사람의 은혜가 나타나서 천만 가지 도를 따라 천만 가지 덕이 화하는 것입니다. 천도(天道)·지도(地道)·인도(人道)에 따라 천덕(天德)·지덕(地德)·인덕(人德)이 나타납니다.

천지의 덕은 우주의 대기(大機)가 자동적으로 운행하는 천지의 도가 행함에 따라 나타나는 결과를 말합니다. 그리고 사람의 덕은 부모·자녀 사이에 도를 행하면 부모·자녀 사이에 덕이 나타나고, 부부 사이에 도를 행하면 부부 사이의 덕이 나타나는 것이지요. 또한 붕우(朋友) 사이에 도를 행하면 붕우 사이의 덕이 나타나고, 동포 사이에 도를 행하면 동포 사이의 덕이 나타나서 개인에 당하면 개인이 화(和)하고, 가정에 당하면 가정이 화하고, 사회에 당하면 사회가 화하고, 국가에 당하면 국가가 화하고, 세계에 당하면 세계가 화하는 것이지요. 이와 같이 인도를 행함에 따라 나타나는 사람의 덕은 개인·가정·사회·국가·세계를 평화롭게 하는 근본적인 원동력인 것입니다.

소태산 부처님께서는 천지의 덕과 사람의 덕이 일치된 덕을 제일 큰 덕이라 보고 계십니다. 그러니까 그 덕 중에 제일 큰 덕은, 곧 대도(大道)를 깨달은 사람으로서 능히 유무를 초월하고, 생사를 해탈하며, 인과에 통달하여 삼계화택(三界火宅)에 헤매는 일체 중생으로 하여금 한 가지 극락에 안주하게 하는 것입니다. 이러한 사람을 일러 가히 "대덕(大德)을 성취했다." 하는 것이지요.

이와 같이 생사해탈(生死解脫), 인과통달(因果通達), 중생제도(衆生濟度)를 하는 것이 대덕입니다. 이렇게 대덕을 이룬 사람은 천권(天權)과 인권(人權), 그리고 덕권(德權)을 행사할 수 있는 권능(權能)이 있습니다.

'덕'이라는 글자를 '큰 덕' 자라 합니다. 능히 육도(六道)와 사생(四生)을 감화시킬 근본이 덕입니다. 덕보다 큰 것은 세상에 없습니다.

더도 말고 덜도 말고 저는 덕을 산〔德山〕처럼 쌓아 덕권(德權)이나 마음대로 누리고 살고 싶습니다. 그러나 그 대덕의 성취가 뜻대로 되지 않으니 이 일을 어찌하면 좋을까요!

알파고의 도전

저는 바둑을 잘 둘 줄 모릅니다. 그런데도 얼마 전(2016. 3. 12) 우리 이세돌 9단과 알파고의 바둑 대결은 전 세계를 들썩이게 했고, 심지어 우리 사회에 알파고 신드롬을 몰고 왔습니다. 그럼 알파고는 무엇일까요? 알파고(AlphaGo)는 구글 딥마인드가 개발한 '인공지능(AI) 바둑 프로그램'이라고 합니다.

누구도 상상 못할 일이 일어났습니다. 이세돌 9단은 5 대 0으로 이길 것을 자신했습니다. 만일 진다고 해도 한 판 정도일 것이라고 자신만만해했지요. 그리고 누구도 그걸 의심하지 않았습니다. 그러나 이 거대한 확신이 빙산이 무너지듯 무너졌고, 세상은 경악을 했습니다.

언론에서는 "4천 년의 바둑이 무너졌다."고 표현했습니다. 바둑에 관한 한 이런 강자가 나타날 줄 누가 알았겠습니까? 알파고는 완벽했고 실수가 없었으며, 이세돌 또한 실수가 없었다고 합니다. 즉, 실수 없는 상대방을 알파고가 제압했다는 말입니다. 이 경악을 금치 못하게 한 기계가 우리 인류에게 축복일까요, 아니면 저주일까요?

영국 IT기업 딥마인드가 만든 '알파고'는 실체가 없는 소프트웨어입니다. 알파고는 대용량 프로그램이어서 일반인이 쉽게 접하는 USB나 CD롬 파일로 변환될 수 없다고 합니다. 구글은 알파고 가동을 위해 현재 컴퓨터 2천여 대 분량을 거치며 움직이고 있습니다. 일종의 초대형 슈퍼컴퓨터가 동원된 셈이지요.

이 알파고를 만든 영국인은 컴퓨터와 게임에 미쳤던 천재소년이라고 합니다. 게임·컴퓨터·뇌 과학 모두를 섭렵한 딥마인드 CEO는 '데미스 하사비스(Demis Hassabis)'입니다. 'WWW'의 창시자인 팀 버너스 리(Tim Berners Lee)는 하사비스를 "지구라는 행성에서 가장 똑똑한 사람"이라고 평했습니다. 그럼 하사비스는 어떤 인물인가요?

하사비스는 1976년 런던에서 그리스 계 아버지와 싱가포르 계 어머니 사이에서 2남 2녀 중 장남으로 태어났습니다. 그는 '컴퓨터'라는 기계를 끼고 살았습니다. 천재소년 하사비스는 남들보다 2년 빠른 15세에 고교를 졸업했습니다. 그러나 대학에 진학하지 않고 게임 개발사에 들어갔습니다. 그곳에서, 전 세계에서 수백 만 개가 팔린 시뮬레이션 게임 '테마파크'를 개발했습니다. 이

후 그는 영국 유니버시티 칼리지 런던에서 뇌 과학을 연구합니다. 그곳에서 기억과 상상이 뇌의 같은 부위에서 형성된다는 사실을 밝혀냈습니다. 사고로 뇌 해마가 손상돼 기억 상실에 빠진 환자는 가상의 사건을 상상하지 못한다는 것을 확인한 것이지요. 이 연구는 2007년 국제학술지《사이언스》의 '세계 10대 과학 성과'에 뽑혔습니다. 그리고 그는 2009년 뇌 과학으로 박사학위를 받았습니다. 게임과 컴퓨터, 뇌 과학 세 가지 무기를 장착한 그는 마침내 2011년 뇌를 모방한 컴퓨터 시스템인 인공지능을 만들기 위해 딥마인드를 창업했습니다. 회사는 3년 뒤 구글에 인수됐습니다. 인수 대금은 무려 6천억 원이 넘은 것으로 알려졌습니다. 페이스북도 구글보다 먼저 인수전에 나섰으나 고배를 들었다고 하네요.

지난 8일 서울에서 열린 기자회견에서 그는, "알파고는 하나의 전문가를 목표로 하지 않는다."고 말했습니다. 즉, '바둑'이라는 한 가지만 잘하는 것이 아니라, 다방면에서 뛰어난 문제 해결 능력을 갖춘 인공지능을 목표로 한다는 말입니다. 예를 들어 지구에 대한 엄청난 데이터를 학습해 온난화를 해결할 방법을 찾거나 가정에서 사람이 시키는 일을 다 할 수 있는 로봇의 머리가 될 수도 있다는 것입니다.

인공지능이 바둑에서 인간을 이기자 머지않아 컴퓨터가 사람을 지배하지 않을까 우려하는 사람도 많습니다. 하사비스 대표는 이에 대해 "인공지능은 이제 사다리의 첫 단을 밟은 정도"라며 "모든 면에서 인간 수준의 지능에 도달하는 것은 수십 년 뒤의 일"이라고 지나친 우려를 경계했습니다. 그렇습니다. 아무리 기계가 발달해도 기계는 기계일 뿐입니다. 하사비스의 말대로 사다리의 첫 단을 밟을 정도에 지나지 않을 것입니다.

불교에 '삼천대천세계(三千大天世界)'라는 말이 있습니다. 태양을 중심으로 하는 달, 지구, 다른 혹성 등을 일괄하여 '일세계(一世界)'로 하고, 이것이 1천만 개 모인 것을 '일소천세계(一小千世界)', 다시 이것이 1천 개 모인 것을 '중천세계(中千世界)', 그리고 다시 이것이 1천 개 모인 것을 '대천세계' 혹은 '삼천대천세계'라고 하는 것이지요.

오늘의 천문학에 의하면 태양을 중심으로 하는 우리들의 태양계와 같은 혹성군(惑星群)이 약 1천억이 모여서 약 10만 광년이라는 거대한 은하계의 성운이 되고, 이 '소우주'라고 하는 성운(星雲)이 다시 수십부터 수천 내지 수백억 개 모여서 큰 '성운단(星雲團)'을 구성하고 있는 것이 확인되고 있습니다. 더구나 이 우주에는 그러한 대성운단(大星雲團)이 무수히 존재하고 있습니다. 그리고 현재의 천문학은 아직 그 전모를 관측하기까지는 이르지 못하고 있는 것이 사실입니다. 그러나 이 세계와 우주는 그 수효가 아무리 많고 그 폭이 아무리 커도 내용상으로 보면 단 하나의 세계에 불과합니다. 설혹 삼천대천세계보다 더 많은 세계가 있다 할지라도 그것은 도무지 하나의 세계인 것이지요.

우주는 그 수효가 천만일지라도 결코 나누어진 세계가 아니며, 상대적인 수리(數理)를 가지고 이해할 세계가 아닙니다. 다만 그 사람의 마음이 어느 정도 열리었나에 따라서 비로소 육도(六道 : 天道, 人道, 修羅, 畜生, 餓鬼, 地獄)와 사생(四生 : 胎生, 卵生, 濕生, 化生)의 세계가 나누어지고, 인간의 시비이해에 의한 선악귀천의 천차만별 세계가 나타날 뿐입니다. 그런데 어찌 사다리의 첫 단계에 오른 인공지능이 저 광활한 우주의 신비와 그 무량함을 이길 수 있겠습니까? 그리고 3천 년 전에 우주의 진리를 대각하신 종교 천재 부처님의 혜안(慧眼)을 뛰어넘을 수는 없습니다. '하나는 만법(萬法)으로 통하고, 만법이 곧 하나'인 것입니다.

이 드넓은 우주에도 성(成)·주(住)·괴(壞)·공(空)의 이치가 천만 가지 분야로 운행되어 지금 이 시간에도 이루어지는 부분도 있고, 그대로 머물러 있는 부분도 있으며, 무너지는 부분도 있고, 없어지는 부분도 있어서 늘 소천(燒天) 소지(燒地)가 되고 있는 것입니다.

어떻습니까? 이 정도의 이치를 모르는 알파고의 도전은 인간을 상대하기에는 너무나 멀었습니다. '알파고'라는 인공지능에 이세돌 9단이 바둑 몇 판 졌다고 난리법석을 떠는 것은 아무래도 조금 지나친 행동이라는 생각이 드네요!

최후의 승리

인생에 있어서 최후의 승리는 탁월함에 있지 않고, 인내하는 자에게 있습니다. 참는 것, 인내하는 건 꾸준함과 같다는 말입니다. 어려운 것, 아픈 것을 참는다는 것도 인내지만 중도에 포기하지 않고 끝까지 꾸준함을 잃지 않는 것도 참는 것이지요. 그러니까 꾸준함을 잃지 않고 끝까지 나아가면 결국 원하는 바를 이룰 수 있다는 얘기입니다.

그러나 최후의 승리자에게는 한 가지 조건이 있습니다. 인내를 해야 하는 대상, 그러니까 인내해서 이루려는 목표가 옳은 것이어야 한다는 것이지요. 잘못된 방향으로 가고 있는데 참고 있는 것은 결국 잘못된 결과를 낳을 뿐입니다.

많은 사람들이 삶의 경쟁에서 낙오자가 될까 봐 불안해합니다. 그러나 세상은 앞서가는 승자만을 격려하는 곳이 아닙니다. 조금 모자라고 다소 부족할지언정 바른 서원(誓願)을 세우고 간단없는 수행을 통해 삶을 충실히 살아 내는 사람이 성공하는 것입니다. 올바른 경쟁을 지속하는 것만으로도 우리는 모두 박수를 받을 자격이 있습니다. 인생은 마라톤입니다. 그 긴 기간 이어지는 인생길에서 일순간의 실패와 좌절로 절망하면 안 됩니다.

우리는 이 세상에서 사는 동안 늘 이길 수만은 없습니다. 경쟁에서 패했어도 다시 일어설 수 있는 법을 배워야 합니다. 성적으로 줄을 세우는 것에 익숙한 우리는 흔히 학교에서 일등을 하는 아이가 가장 성공할 것이라고 생각하기 쉽습니다. 그렇지만 사회에서 성공한 사람이나 최고의 성공을 거두었다고 칭송받는 사람들 중에는 학교 성적이 그리 우수하지 않았던 사람이 꽤 많습니다.

그들은 비록 학업에서는 두각을 나타내지 못했지만 포기하지 않고 끝까지 노력하는 끈기가 있었습니다. 끈기는 목적을 이루는 동력이자 습관이기도 합니다. "싫은 일을 하는 시간 5분을 인내하는 사람은 50분도 인내할 수 있다."는 말이 있습니다. 인간의 탁월함은 그냥 만들어지는 것이 아닙니다. '끈기'라는 자양분을 먹고 사는 것이지요. '결국은 끈기가 실력'이라는 점을 기억해야 합니다. 화려한 성취를 이룬 모든 사람의 가장 큰 무기는 바로 '끈기'입니다. 지금 이 순간 다소 흔들리고 잘 못해도 괜찮습니다. 긴 인생 동안 원하는 것을 향해 '지성여불'의 정신으로 나아간다면 우리는 결국 최후의 승자로 남을 것입니다. 그 지극한 정성이 곧 부처입니다. 그리고 '정성'이란 처음부터 끝까지 한결같은 것임을 잊으면 안 됩니다.

『삼국지』에서 자만에 빠진 관우가 허망하게 죽자, 장비는 그 분노를 다스리지 못하고 복수를 다짐하다가 부하에게 죽임을 당하고, 유비마저 절치부심하다 세상을 떠납니다. 이제 촉한의 운명은 제갈량의 두 어깨에 달렸습니다. 북벌에 나선 제갈량이 오장원에서 위나라와 일전을 앞두고 있었습니다. 그때 갑자기 돌풍이 몰아치더니 촉군의 군기(軍旗)가 부러지고, 제갈량은 그것을 자신의 운명이 다한 것으로 여기고 시름시름 앓다가 세상을 떠납니다. 촉한의 운명도 이것으로 끝장이 났지요.

한편 위나라의 대장군 사마의는 삼방곡에서 제갈량의 화공(火攻)을 당했습니다. 그 모진 화공은 그의 모든 군사와 식량을 삼켜 버렸으며 패전은 시간 문제였습니다. 사마의의 목숨도 경각에 달렸지요. 그런데 그때 하늘에서 비가 내리기 시작합니다. 사마의는 구사일생으로 살아났고, 하늘이 자신을 돕는다고 생각했습니다.

평생 조조와 그의 친족들에게 의심을 받고 무시당해 왔으며, 이미 죽은 제갈량에게 미치지 못한다는 수모를 받아온 사마의입니다. 세상에서 제갈량의 탁월함을 칭송할 때, 사마의는 언제나 2류였습니다. 그런데 유비, 조조, 손권 모두 천하를 통일하지 못했으나 2류 인생 사마의의 후손이 삼국을 통일합니다.

탁월함의 상징이었던 제갈량은 실패를 다룰 줄 몰랐습니다. 한

국가의 운명을 군기가 부러지는 사소한 징조에 걸었습니다. 그러나 사마의는 실패에서 살아남는 법을 배웠습니다. 숱한 모함과 수모, 2류 인생의 설움, 그리고 죽음의 고비에서도 잡초처럼 일어나는 법을 알았고, 하늘마저 자신을 돕는다고 굳게 믿고 있었던 것입니다. 최후의 승리는 탁월함에 있지 않았고, 인내하는 자에게 있었습니다. 만년 2류 인생의 사마의는 수모를 견디고 모함을 이겨 낸 인내의 승리자 아닌가요?

무릇, 천하만사가 다 본말(本末)과 주종(主從)이 있는 법입니다. 그러므로 근본을 알아서 근본에 힘쓰면 끝도 자연 좋아질 것입니다. 그리고 끝을 따라서 끝에만 힘쓰면 근본은 자연 매(寐)하여지고 마는 것이지요. 또한 주를 알아서 주에 힘쓰면 종도 자연히 좋아질 것이나, 종을 따라 종에만 힘쓰면 주가 자연히 매하여지는 것입니다. 예를 들어 사람에 있어서 '마음은 근본'이 되고 '육신은 끝'이 되며, 세상에 있어서 '도학(道學)은 주'가 되고 '과학은 종'이 되는 바, 이 본말과 주종을 분명히 알아야만 비로소 도를 아는 사람이라 할 것입니다. 이러한 사람이라야 능히 천하사(天下事)도 바로잡을 수 있는 능력을 갖게 되는 것이지요.

어떻습니까? 큰 도에 발원(發願)한 사람은 짧은 시일에 속히 이루어지기를 바라면 안 됩니다. 잦은걸음으로는 먼 길을 가지 못하고, 조급한 마음으로는 큰 도를 이루기 어렵습니다. 저 큰 나무도 작은 싹이 썩지 않고 여러 해 큰 결과요, 불보살도 처음 발원을 퇴전(退轉)하지 않고 오래오래 공을 쌓은 결과입니다. 결국 정당한 원을 세우고 끊임없이 정진하면 시일의 장단은 있을지언정 이루지 못할 일은 없습니다.

인생에 있어서 최후의 승리는 탁월함에 있지 않고 인내하는 자에게 있습니다. 인내는 온갖 고난과 고통에 대한 최상의 치료책입니다.

인생길에는 평탄한 길만 있지 않습니다. 고난과 고통이 가시덤불처럼 널려 있지요. 그것들에 온몸이 찢겨 상처가 생기고 피가 흐릅니다. 다행히도 그것들을 치료하는 상비약이 있습니다. 그것은 '인내'라는 약이지요. 인내는 모든 상처를 아물게 합니다. 우리, 참고 참고 또 참아 우리의 서원이 달성될 때까지 고난을 이겨 보시지요. 이것이 바로 수행입니다. 최후의 승리는 인내하는 자에게 있음을 마음에 새기는 것입니다. 그것이 성공의 비결이지요!

언제나
말하기는 어눌한 듯 조심히 하고,
일 당하면 바보인 듯 삼가 행하며,
급할수록 그 마음 더욱 늦추면
항상 편안함을 누리게 됩니다.

느리게

덕화만발德華滿發

덕산 김덕권 에세이

혼밥족

'혼밥족'이라는 신조어가 2014년부터 생겼다고 합니다. 혼밥족은 '혼자 밥을 먹는 사람들'을 뜻하지요. 그런데 이 혼밥족이 사회문제를 일으키고 있습니다. 심지어 혼자 밥을 해결하는 모습을 숨기기 위해 화장실이나 빈 강의실 등 눈에 띄지 않는 장소를 찾아 헤매는 사람들이 크게 증가하고 있다는 것입니다.

한국 사회의 개인화가 빠른 속도로 진행되고 있기 때문에 혼밥족의 증가는 자연스러운 일일지도 모릅니다. 따라서 혼자 밥을 먹는 것은 부끄러운 일이 아니라고 보는 시각도 있습니다. 하지만 여전히 '혼밥' 때문에 스트레스를 받는 사람들은 적지 않은 것이 사실이지요.

혼밥 스트레스족 반대편에는 '자발적 혼밥족'도 있다고 합니다. 취업 준비와 아르바이트, 노년에 홀로된 탓에 주변 사람과의 관계를 스스로 단절하고 혼자 밥 먹는 사람들입니다. 이들은 혼밥을 부끄럽게 생각하지 않습니다. 오히려 이들은 밥을 혼자 먹으면 식사 약속을 잡거나 식당을 찾는 데 허비되는 시간을 아낄 수 있고, 원하는 메뉴를 선택할 수 있어 좋다고 합니다. 그리고 불필요한 인간관계를 맺을 필요가 없다는 점을 장점으로 꼽습니다. 그렇지만 혼자 하는 이들의 식사가 조금은 쓸쓸하고 외로워 보이는 것이 사실입니다.

영국 《가디언》지는 혼자 먹는 밥은 흡연만큼이나 건강에 좋지 않고, 혼자 시간을 보내는 사람일수록 건강에 적신호가 온다는 연구 결과를 발표했습니다. 또한 '농협경제연구소'의 자료에 따르면 우리나라의 1인 가구가 늘어나며 함께 판매량이 늘어난 것은 육류 가공품, 빵 및 떡류, 주류, 커피 등 간편하게 조리할 수 있는 음식이라고 합니다.

그런데 이러한 간편 음식 위주로 식사를 할 경우 식사의 질이 저하되고, 영양을 고르게 섭취하지 못해 영양 불균형이 일어날 수 있습니다. 영양 섭취 외에도 빨리 먹는 습관이 있는 경우 소화기관에 무리가 돼 역류성 식도염이 생기는 등 건강에 해를 끼칠 수 있습니다. 어쨌든 건강을 지키기 위해선 혼자 밥을 먹더라도 균형 잡힌 식사를 하는 것이 중요하지요. 인스턴트 식품, 가공품 위주로 식사하는 것은 영양 불균형을 일으킬 수 있습니다.

그런데 문제는 혼자 밥을 먹으면 건강도 해치고 우울증이 찾아오기 쉽다는 것입니다. 우울증을 이겨 내려면 외로움을 이기는 법을 알아야 합니다. 우리가 항상 행복하기란 거의 불가능합니다. 우리가 살아감에 있어서 언제 어떠한 상황이 발생할지를 모릅니다. 그러다 보면 마음속에 상처와 아픔이 누적되고, 스스로가 감당할 수 없을 때가 오게 됩니다. 그때 찾아오는 손님이 바로 '우울증'이지요. 그 우울증 초기 증상은 다음과 같습니다.

· 삶의 의지나 목표가 없이 그냥 마음이 공허해진다.
· 내가 왜 살아야 하는지에 대해서 심각한 고민들이 많아진다.
· 그 동안 살아온 삶이 마치 잘못된 것처럼 허무함이 느껴진다.
· 내 자신이 미워지고 자꾸 한심하다는 생각이 든다.
· 모든 일에 예민하게 반응하고 작은 일에도 쉽게 화를 낸다.
· 맛있었던 음식이 맛없어지고 좋아했던 사람들이 갑자기 미워진다.
· 즐거움이 사라지고 내 마음이 채워지지 않는 것 같다.

우울증에 걸렸을 때 초기에 나타나는 가장 기본적인 증상은 '재미가 없어지는 것'이라고 합니다. 그럴 때 가장 먼저 무기력감과 아무것도 하기 싫은 증상이 나타나게 됩니다. 그러다 보면 직장생활도 싫어지고 사람 만나는 것도 귀찮아집니다. 또 밥 먹는 것도 싫어지면서 그냥 조용히 방 안에서만 있고 싶은 마음이 가득합니다.

우울증이라는 것은 기본적으로 외로움과 연결되는 것입니다. 누군가가 자신의 마음을 이해해 주지 못할 것 같다는 세상 속의 극심한 외로움의 상태지요. 그래서 혼자 마음속의 감옥에 갇혀 버리는 것과 같습니다. 우울증 증상이 심해지면 심지어는 자살을 하기도 합니다. 왜냐하면 삶이 재미없기 때문에 차라리 죽는 것이 행복하다고 생각하기 때문이지요. 그렇다면 외로움을 이기는 법은 무엇일까요?

첫째, 내 자신에게 선물을 자주 하는 것입니다. 마음이 지쳤을 때는 마음을 일으켜 줄 수 있는 치유제가 필요합니다. 자신만의 소중한 시간을 만들어서 자신을 기쁘게 해주는 것이지요.

둘째, 스스로를 외롭게 만들지 않는 것입니다. 외로움을 달래는 중요한 방법이 사람과의 관계입니다. 사람을 통해서 사랑도 받고, 위안도 받고, 치유도 받을 수 있습니다.

셋째, 자신을 미워할 때가 우울증 초기 증상이 시작되는 것입니다. 우울증이라는 것이 어떠한 사건이나 경험 때문에 생기지만 결국 자기 마음에서 시작됩니다. 내가 나를 예뻐해 주지 않을 때 더 이상 내 마음속에 기댈 공간이 없어집니다.

넷째, 자신이 하는 일에 최선을 다하는 것입니다. 무언가를 걱정하고 한탄할 시간에 지금 주어진 일에 최선을 다하는 것이 현명합니다. 어차피 내가 살아가야 할 인생이고 극복해야 할 과제라면 적극적으로 도전을 해야 합니다.

다섯째, 자신을 있는 그대로 받아들이는 것입니다. 우울증 증상이 생기는 것은 나에게 주어진 현실을 왜곡하고 부정하려고 해서 그런 것입니다. 나를 있는 그대로 인정하고 받아들인다는 것은 우울증 극복의 가장 현실적인 대안입니다.

그렇습니다. 인생을 맑고 밝고 훈훈하게 살아가는 우리들은 외롭지 않습니다. 왜냐하면 우리는 매일 정을 나누며 더불어 살기 때문입니다. 저 또한 마누라 덕분에 아직 이 나이에 혼밥족이 되지 않고 동지들과 정을 나누고 사는 것만도 천만다행 아닌가요?

오도코 마에 두부

왜 나이가 들면 발상의 전환을 하지 못할까요? 아마도 그것은 평생 동안 굳어진 습관 때문일 것입니다. '습관'이란, 어떤 행위를 오랫동안 되풀이하는 과정에서 저절로 익혀진 행동 방식을 말합니다. 아니면 수만 생 동안 쌓여 온 '업식(業識)'의 나타남이 아닐는지요? 사람은 각각 자기 업식을 가지고 있습니다. 업식은 선천적인 것입니다. 이 습관이 되풀이되어 머리가 굳어져 우리는 발상의 전환을 못 하는 것입니다. 이 발상의 전환만 할 수 있으면 우리 인생이 바뀔 수 있는데 말입니다.

어떤 일을 생각해 내는 것이 '발상'입니다. 그리고 그 생각을 전개시키거나 정리하여 형태를 갖출 수 있게 하는 것이지요. 그럼 '전환'은 무엇일까요? 사물의 방침(方針), 성질, 습관 등을 바꾸는 것입니다. 그 발상의 전환을 통해 인생을 바꾼 사람이 있습니다.

일본 사람들은 두부를 우리보다는 즐겨 먹습니다. 또 두부를 요리해 먹는 방법도 우리보다 다양하지요. 그래서 일본에는 두부 공장이 수천, 수만 개인지 수를 셀 수 없을 정도로 많다고 합니다. 일본에서 두부 요리를 최고로 잘하는 곳은 교토입니다. 교토는 사방이 산으로 둘러싸인 분지로, 산에서 땅속으로 스며든 미네랄이 듬뿍 든 물이 맛 좋기 때문에 교토의 채소와 두부도 또한 맛이 좋기로 소문나 있습니다. 교토에서는 약 600년 전부터 두부를 요리로 만들어 팔아왔다고 합니다.

일본 사람들은 인간의 멋 중 하나로 이런 멋을 칩니다. 12월 31일 밤 12시, 제야의 밤에 교토 아라시야마에 올라 내리는 눈발을 맞으며 강변에 쌓인 흰 눈을 바라보면서 뜨거운 탕 두부를 한 입 떠서 먹는 맛, 그것을 교토 사람들은 최고의 멋 중 하나라고 봅니다.

그런 일본의 교토에 '삼화두부'라는 두부 가게를 아버지로부터 물려받은 젊은이 '이토 신고'는 고민에 빠져 있었습니다. 1968년에 문을 열었으나 장사가 너무 안 돼 망하기 직전입니다. 근근이 먹고사는 자신의 두부 가게가 앞으로 어떻게 살아남을 것인가가 최고의 화두(話頭)였지요. 교토에는 강력한 경쟁력을 가진, 수천 명의 단골 고객을 둔 수백 년 된 두부 가게가 즐비하기 때문이었습니다.

두부 가격은 어느 가게도 한 모에 100엔, 맛도 비슷비슷하고 네모난 모양도 똑같습니다. 100엔짜리 팔아 봐야 남는 것도 별로 없습니다. 그렇다면 '바꿔야 한다, 튀어야 한다.'가 그의 생각이었지요. 그런데 문제는 '어떻게 튀는 두부를 만들 것인가'였습니다.

일본의 20대, 30대 남자를 가리켜 '초식남(草食男)'이라고 부릅니다. '풀만 먹고 사는 애들'이라는 이 뜻은 한마디로 용기도, 희망도, 그래서 박력도 없는 남자들이라는 뜻이지요. 그러니까 우리의 88만 원 세대나 흙수저 세대와 비슷한 것이랄까요?

삼화두부의 이토 신고는 이 시대의 일본 남자 20대들에게 용기를 주어야 한다고 생각을 합니다. 그래서 두부 이름도 '남자다운 두부'로 짓고, 가게 이름도 '남자다운 두부'로 바꾸었습니다. '남자다운 두부'라는 뜻의 '오도코 마에 두부'는 두유의 농도를 좀 더 높여서 고소하게 하고, 남자다움을 강조해서 포장에는 '男'이라는 붓글씨를 큼지막하게 써 넣었습니다. 그러고는 '박력과 배짱, 용기, 의리 있는 두부'라는 것을 강조하기로 했습니다. 대신 100엔짜리가 아닌 300엔짜리 두부를 판매하기로 했지요. 이게 2005년도의 일이었습니다. 과연 이 두부가 히트를 칠 수 있을까요?

그런데 이 황당한 '남자다운 두부'가 일반 두부보다 세 배가 비싼데도 대 히트를 쳤습니다. 일본의 '초식남들'은 이 두부를 먹으면 왠지 남자가 될 것 같고, 왠지 용기와 박력이 생길 것 같은 기분에서 사 먹기 시작했습니다. 이렇게 황당한 두부 이름을 붙이다 보니까 매스컴에서 갑자기 취재를 나와 기사를 써주기 시작합니다. 매스컴마다 기사를 써주기 시작하더니 2006년에는 600억 원,

2008년에는 그보다 15억 엔이 더 늘어나서 약 800억 원어치 이상의 매출을 올립니다. 이것은 평소 매상의 100배였지요.

이에 만족하지 않고 그는 '오도코 마에 두부'를 하나의 문화상품으로 만들어 나가기 시작합니다. 우선 만든 것이 〈오도코 마에〉 노래인데, "남자다운, 남자다운, 남자다운 두부…"로 시작되는 이 노래는 마치 유행가처럼 번져 나갔습니다. 많은 젊은 사람들이 이 노래를 입에 달고 다닐 지경이었습니다. 이어 T-셔츠에도 검은 바탕에 흰 글씨로 '男' 자 글씨를 넣어 800엔에 판매했고, 컵 · 키홀더·운동 모자·손수건·등산용 색(sack) 등도 만들어 판매했습니다. 엄청나게 잘 팔렸지요. 2009년에는 도쿄 등 간토 지방을 공략하기 위해 '남자다운 두부 크림빵', '바람 불어서 두부 초코롤', '남자다운 두부찐빵' 등을 팔기 시작했습니다. 두부에 상상력을 담아 새로운 시장을 열기 시작한 것입니다. 판매는 폭발적이었습니다. 〈오도코 마에〉 CM송은 누구나 회사 홈페이지에서 무료로 다운받을 수 있으며, CD로도 발매하고 있고, 트위터나 SNS 등을 적극 활용, 젊은층들을 공략하고 있습니다. 특히 CD로 발매되는 〈오도코 마에〉 두부 노래는 매번 가사가 바뀌어 현재 30곡이 넘었다고 합니다. 바로 이 30곡을 CD로 만든 것입니다. 재미있는 것은 이 CD가 팔린다는 것이지요.

2010년 매출 60억 엔(900억 원) 돌파, 일본을 대표하는 두부, 회사의 사훈은 "남자다운 두부는 당신을 절대로 배신하지 않는다."

로 정했습니다.

어떻습니까? 기발하지요? 한 가지 분명한 것은, 습관은 바뀔 수 있다는 것입니다. 일상적인 생활에서 생각나는 참신하고 획기적인 아이디어는 지식 창조의 중요한 방향이 됩니다. 발상의 전환은 얼마든지 할 수 있다는 신념을 갖는 것이 중요합니다.

우리가 발상의 전환을 해 목표를 세운 후에도 방심하면 이루지 못합니다. 방심하지 않는 데에 성공이 있습니다. 끝까지 중단하지 말고 결과를 내는 것입니다. 하고 하고 또 하며, 될 때까지 하는 것입니다. 이것이 바로 수행이며, 제가 늘 주장하는 '지성여불'의 정신이지요!

어눌한 인생

저도 젊은 시절에는 전 세계를 상대로 강연을 하고 다닌 적이 있었지요. 말도 매끄럽고 몸도 민첩하여 가는 곳마다 돌풍을 일으켰습니다. 그러나 나이가 들어가자 자연 말도 어눌(語訥)해지고 몸도 여간 굼뜬 것이 아닙니다. 아마 이걸 일러 '자연의 섭리'라고 하는 것일까요?

『논어』「이인편(里仁篇)」에 이런 말이 나옵니다. "자왈 군자욕눌어언이민어행(子曰 君子 欲訥於言而敏於行), 공자(孔子)께서 '군자는 말을 하는 데 있어서는 어눌하게 하고 행동하는 데 있어서는 민첩해야 한다.'"고 하신 말씀이십니다. 여기서 '눌(訥)'은 '과묵해 말을 함부로 하지 않는다, 소심한다'는 뜻이고, '민(敏)'은 반대로 '민첩하다, 부지런하다'는 뜻입니다. 그러니까 '눌언민행(訥言敏行)'은 '더듬는 말과 민첩한 행동'을 의미합니다. 즉, 말하기는 쉬워도 행하기는 어려우므로 군자는, 말은 둔하여도 행동은 민첩해야 함을 이르는 것이지요.

군자는 자신을 성찰하여 신중하게 말하고 행동하는 사람입니다. 특히 말이 행동을 따르지 못할까 늘 걱정하며 꼭 해야 할 말이 아니면 하지 않습니다. '눌(訥)'의 뜻에는 '말을 더듬는다'는 뜻도 있습니다. 그래서 한 마디 말도 신중하기에 답답해 보일 때도 있지요. 하지만 군자의 행동은 다릅니다. 매우 민첩합니다. 행동이 재빠르다는 것이 아니라 실천하는 것이 빠르다는 의미지요. 사실 이미 신중하게 생각하고 한 말이기 때문에 그것을 실천하는 것은 쉽습니다. 행동하는 양심! 그것이 바로 군자입니다.

원래 '군(君)'은 '임금, 치자(治者)'의 뜻이지요. 그리고 '욕(欲)'은 '무엇을 하려고 하다, 바라다, 욕망'의 뜻입니다. '눌'은 듣는 사람을 답답하게 할 정도로 말이 느립니다. '말을 더듬거린다'는 뜻이지요. 공자가 말한 군자의 진정한 의미는 두 가지 의미를 가지고 있다고 합니다. 하나는 다스리는 사람의 뜻으로 '임금'을 가리킵니다. 다른 하나는 오늘날 우리가 쓰는 대인(大人)과 같이 '도량이 넓고 관대한 성품을 가진 사람'을 가리키지요.

공자 이전에 '군자'는 세습으로 부여된 권력을 바탕으로 다른 사람을 지배하는 사람을 가리켰습니다. 하지만 공자 당대에 주나라 경왕(敬王)과 노나라 소공(昭公)처럼 지위는 군자지만 군자답지 못한 사람이 등장하게 되었습니다. 실패한 지도자는 개인적으로는 불행이지만 국가적으로는 재앙과 같은 어마어마한 피해를 일으킵니다.

공자는 남을 다스리는 사람이 되려면 먼저 자기 자신을 다스리는 사람이 되어야 한다고 생각했습니다. 자기 자신을 통제하지 못하고 남을 제대로 다스릴 수 없다는 것이지요. 그는 이러한 시대적 요구를 '수기안인(修己安人)'으로 표현했습니다. 공자는 신분제 사회를 살면서 당시 집권자들에게 "권력을 행사하려면 먼저 그럴 만한 자격을 갖추라!"고 정면으로 요구한 것입니다. 즉, 군자는 먼저 자기 자신을 다스려야 한다는 것입니다.

그럼 언행의 불일치는 왜 일어날까요?

첫째, 사람을 둘러싼 상황이 그때그때 달라지기 쉽기 때문입니다. 말할 때와 시간이 지나 상황이 달라지면 '이전에 했던 말을 꼭 지켜야 할까?' 하는 의구심이 생기게 되지요. 말할 때는 '꼭 해야 한다.'고 맹세합니다. 그러나 시간이 지나 상황이 달라지니까 '꼭 하지 않아도 되겠다.'라는 생각이 드는 것입니다. 일단 한 약속 무조건 해야 한다고 생각하기보다 하지 않을 수 있는 길을 찾다 보니 언행의 불일치가 생겨나는 것입니다.

둘째, 말은 몸과 마음의 전부가 관여해야 합니다. 말만 할 때는 앞으로 할 일이 쉬워 보이지요. 하지만 막상 일을 하려고 하니 덜컥 겁도 나고 불안해지게 마련입니다. 아침마다 운동을 해야지 결심했다가 내일 아침이 오면 핑계를 대고 집 밖을 나가고 싶지 않은 게 요즘의 제 모습입니다. 이렇게 행동은 심신 전부가 움직여 하는 것입니다. 말대로 살기가 쉽지 않은 것이지요.

셋째, 말은 주로 내 처지를 중심으로 합니다. 그러나 행동은 나만이 아니라 주위의 숱한 사람들과 관련이 됩니다. 말은 주로 생각의 영역에서 일어나지만 행동은 생각과 현실의 영역을 포괄하고 있습니다. 따라서 행동은 말과 달리 그만큼 변수가 많습니다. 그런 연고로 말대로 이루어지지 않는 것이 다반사지요.

말과 행동이 일치하지 않으면 사람 사이의 믿음이 무너지게 됩니다. 말로 약속을 하면 얼마 뒤에 그대로 되리라고 믿습니다. "내일 오전 11시에 덕산재에서 만나자."라고 약속하면, 저는 그날 그분이 꼭 오리라고 믿습니다. 하지만 그렇게 약속해 놓고 그 자리에 오지 않으면 다음에 그 사람이 약속을 한다고 해도 그가 약속을 지키리라 믿을 수 없는 것입니다.

특히 정치인은 당선되기 위해 유권자들이 좋아할 만한 정책을 공약으로 내겁니다. 대통령, 국회의원, 교육감의 선거를 치르고 나면 공약을 지키려고 애쓰기도 하겠지요. 하지만 별다른 해명과 사과 없이 공약과 반대되는 정책을 펼치는 것을 우리는 자주 봅니다. 이러한 상황이 되풀이되면 유권자들은 정치를 불신하게 되는 것이지요. 그래서 "정치인은 거짓말쟁이다."라며 비하해 버리고 마는 것입니다.

그러므로 공자는 언행일치를 위해 "말과 행동의 속도를 점검하라."고 합니다. 말은 원래 빠른 특성을 지니고 있으므로 그 속도를 늦추고, 행동은 원래 느린 특성을 지니고 있으므로 그 속도를 높이자는 것이지요.

언제나 말하기는 어눌한 듯 조심히 하고, 일 당하면 바보인 듯 삼가 행하며, 급할수록 그 마음 더욱 늦추면 항상 편안함을 누리게 됩니다. 이런 '눌언민행'의 이치를 서산의 낙조를 바라보는 나이에야 깨닫고 실행하려는 이 어눌한 인생을 어이하면 좋을는지요!

의존과 자존

'의존(依存)'과 '자존(自尊)'이라는 말이 있습니다. '의존'은 다른 것에 기대어 생활하거나 존재함을 말합니다. 그러나 '자존'은 긍지를 가지고 스스로 존중하며 자기의 품위를 지키는 삶을 말합니다.

제가 젊어서 한때 주색잡기에 빠져 살 던 때가 있었습니다. 술이건 도박이건 한 번 빠지면 헤어나기가 쉽지 않습니다. 이와 같이 어디에 의존하고 사는 삶은 심각한 장애입니다. 이 중독에서 벗어나 자존의 길을 가는 방법은 조금씩 줄여가거나 약에 의존해서는 결코 안 됩니다. 제가 경험한 바에 의하면 '일도양단(一刀兩斷)'하는 길밖에 없는 것 같습니다. 한때 악동들과 거의 매일 술을 마셨고, 도박에 빠져 살았으며, 담배를 하루에 거의 3갑씩을 피워대던 저입니다. 그런 제가 '일원대도(一圓大道)'에 귀의한 지 얼마 안 되어 주색잡기를 끊겠다고 선언했습니다. 한 1주일 정도 참으니까 온몸이 뒤틀리고 밤에 앓는 소리를 낼 정도였습니다. 그러나 이를 악물고 참아 냈습니다. 비로소 제 인생이 '의존의 삶'에서 '자존의 삶'으로 바뀐 것이지요.

'자존'은 중심점을 안에 찍고 그것을 향해 나아가는 것입니다. 그리고 내가 가진 장점을 보고 인정해 줘야 합니다. 단점을 인정하되 그것이 나를 지배하지 않게 해야 하는 것이지요. 자존을 잃지 않고 열심히 살다 보면 인생에 어떤 점들이 뿌려질 것이고, 의미 없어 보이던 그 점들이 어느 순간 연결돼서 진흙 속에 피는 꽃이 되는 것입니다.

누구에게나 인생은 전인미답(前人未踏)입니다. 인생에 공짜는 없습니다. 하지만 어떤 인생이든 어떤 형태가 될지 모르지만 반드시 기회가 찾아옵니다. 나만 가질 수 있는 무기 하나쯤 마련해 놓는 것, 거기서 인생의 승부가 갈리는 겁니다. 그것이 내 인생의 자존이지요.

자존은 많이 아는 것이 그렇게 중요하지 않습니다. 그 대신 얕게 알려고 하지 말고, 깊이 보고 들으려고 하면 좋을 것 같습니다. 깊이 본다는 것은 끌리지 않는다는 뜻입니다. 나를 유혹하는 감미로운 소리, 내 눈을 즐겁게 하는 대상, 내 입에 맞는 진수성찬 이런 것에 끌리지 않는 것이 자존감을 키워 가는 방법이지요.

"심부재언 시이불견 청이불문 식이부지기미(心不在焉 視而不見 聽而不門 食而不知其味)", 마음이 있지 않으면 보아도 보이지 않고 들어도 들리지 않으며 그 맛에도 끌리지 않는 것입니다. '끌린다'는 것은 '바란다'는 뜻입니다. 그 바람이 바로 재·색·명·리(財色名利) 탐·진·치(貪瞋痴)입니다. 만족을 모르고 돌고 돌지요. 이걸 '윤회의 수레바퀴'라고 하는 것입니다.

의존하고 살면 매사에 소극적이 됩니다. 자신이 존중받아야 할 가치가 충분히 있음에도 점수를 낮게 매겨 저평가하는 경향이 있지요. 자존감은 인생의 모든 면에 영향을 주기 때문에 지나치게 자존감이 낮다면 끌어 올려야 합니다. 그 자존감을 높이는 3단계 방법이 있습니다.

첫째, '자신을 용서하기'입니다. 자존감이 낮은 사람은 실수를 저지르면 자신을 질타하거나 창피해하며 이를 극복하는 데 어려움을 겪습니다. 실수는 인간이라면 누구나 저지르는 행동입니다. 순간의 잘못이 인생 전체를 좌지우지하지 않지요. 자신을 용서하는 것입니다. 그리고 다시는 실수를 저지르지 않도록 노력하는 것이 중요합니다.

둘째, '긍정적으로 생각하기'입니다. 부정적으로 생각을 하면 그대로 실현될 가능성이 높습니다. 그러나 '나는 잘 해 낼 수 있어!' 하는 자신감을 가지면 힘들고 어려운 상황이라도 극복할 수 있습니다. 만약 실패했더라도 좌절하지 말고 그간의 노력과 목표를 달성했다는 데 의의를 두는 것입니다. 공부와 사업에 긍정적이고 적극적이며, 정열적으로 뛰는 것입니다.

셋째, '자기 격려하기'입니다. 자존감이 낮고 비관적인 사람은 "이번 일이 잘 된 건 일이 쉬웠기 때문이다."라며 자신의 성과를 인정하지 못하는 경향이 있습니다. 자신의 능력이 충분하고, 열심히 노력했는데도 부정적인 결론에 도달하는 것이지요. 그런 사람은 자신을 과소평가하고 실수에 예민하게 반응하기 때문에 항상 자신을 격려하고 용기를 북돋아 주는 자세가 필요합니다. 나를 격려하고 칭찬하면 긍정적인 에너지를 받아 힘을 낼 수 있는 것입니다.

어떻습니까? 이렇게 하면 내 인생의 자존감을 높일 수 있겠지요? 한 가지 나쁜 버릇을 고치면 다른 버릇도 고쳐집니다. 그래서 처음부터 작은 허물의 씨앗이라도 키워서는 안 됩니다. 그 작은 허물이 자라 인생을 망칠 수도 있기 때문입니다.

남방의 '성성(猩猩)'이라는 짐승은 그 힘이 세고 날래어 사람이 힘으로는 잡지 못한다고 합니다. 그런데 그 성성이가 술을 즐겨하므로 술을 큰 그릇에 가득 담아서 그의 내왕하는 길목에 둡니다. 그러면 그가 지나면서 그것을 보고 처음에는 웃으며 '흥! 이것으로 나를 잡으려고 해?' 하며 그대로 갑니다. 그러다가 '조금만 마시면 문제없겠지?' 하고 다시 돌아와서 조금 마시고 갑니다. 또 가다가 '조금 더 마셔도 괜찮겠다.' 하고 다시 돌아와서 더 마시고 하기를 여러 차례 한 뒤에는 그만 정신없이 그 술을 다 마셔 버립니다. 그리고 마침내 취하여 쓰러지면 그때 사람이 나와서 잡아갑니다.

어떻습니까? 그가 처음에는 조금만 마시기로 한 술이 커져서 한 동이에 이르렀으며, 마침내 제 생명을 잃기도 하고 혹은 생포(生捕)도 당하게 되는 것입니다. 사람도 또한 그와 같습니다. 처음에는 한두 가지의 작은 허물을 고치지 못하다가 그 허물이 쌓이고 쌓이면 마침내 큰 죄업을 저질러서 인생을 크게 그르치게 됩니다. 어찌 조심하지 않겠는지요?

생각이 바뀌면 행동이 바뀌고, 행동을 바꾸면 습관이 바뀝니다. 습관을 바꾸면 인생이 바뀌지요. 처음에는 사람이 습관을 만들지만 나중에는 습관이 사람을 만듭니다. 즉 운명을 바꾸려면 습관을 바꿔야 하고, 습관을 바꾸려면 행동을 바꿔야 하고, 행동을 바꾸려면 생각을 바꿔야 하는 것이지요. 불가(佛家)에서는 습관을 '업력(業力, Karma)'이라고 합니다. 좋은 습관을 기르는 것이 자존감을 높이고 팔자를 고치는 길이 아닐까요?

겸애와 비공

춘추전국시대에 묵자(墨子 : BC 479~381?)라는 사상가가 있었습니다. 그 묵자가 BC 390년경에 『묵자』라는 책을 만들어 냈습니다. 그 책은 난세에 '겸애(兼愛)'와 '비공(非攻)'을 주장하며 천하를 누빈 묵가(墨家)의 실천 강령이지요.

'겸애'란, 모든 사람을 구별하지 않고 똑같이 사랑하는 것, 즉 친한 사람이든 친하지 않은 사람이든 구별 없이 모두 똑같이 사랑하는 것입니다. 빈민 출신으로 최하층민의 고충을 헤아릴 줄 알았으며, 소박하고 근검절약하는 정신을 몸소 실천한 묵자였습니다. 묵자의 겸애사상은 사람들이 서로 감싸안아 평등하게 대하며, 강자가 약자를 깔보지 않고, 지혜로운 사람이 어리석은 사람을 멸시하지 않으며, 부유한 사람이 가난한 사람을 무시하지 않는 것입니다. 그리고 '비공'은 남을 해하지 않는 것이지요.

중국 고대 역사 인물들을 전문적으로 연구하는 친위(親楡)의 「싸우지 않고 이기는 기술 묵자」에는 묵자의 겸애정신을 담은 실천의 기술, 인간관계의 기술, 인재 관리의 기술, 공부의 기술, 삶의 기술에 관한 깨달음이 담긴 명언들이 가득합니다. 그 가운데 인간관계의 기술 일곱 가지를 요약 정리해 봅니다. 물질이 개벽(開闢)되면 정신도 개벽되어야 합니다. 그런데 이 시대는 정신은 중요하게 여기지 않고 물욕만이 가득 넘쳐흐르고 있습니다. 그러니 사람들이 파란고해(波瀾苦海)에 빠져 허우적거리는 것입니다. 묵자의 지혜를 마음에 새겨 고해에서 낙원으로 갈 수 있다면 의미 깊은 일이 될 것이 아닌지요.

첫째, 지혜로운 사람은 때와 장소, 사람을 가릴 줄 압니다. 영리한 사람과 영리한 척하는 사람은 다릅니다. 영리한 사람은 자신의 영리함을 깊숙이 묻어두고 필요할 때만 사용합니다. 반면 영리한 척하는 사람은 다른 사람을 모함하는 것을 재주로 여기고 시시때때로 사용하다가 자신이 판 함정에 스스로 빠지곤 하지요. 사실 영리함은 재산입니다. 지혜로운 사람은 훌륭한 재산인 영리함을 때와 장소, 사람을 가릴 줄 아는 사람인 것입니다.

둘째, 아첨하는 사람을 곁에 두지 않습니다. 사람들은 가정이나 사회에서 다른 사람의 노여움을 사지 않으려고 합니다. 그 때문에 대부분 좋은 말로 남의 기분을 맞춰 주려고 하며, 듣기 싫은 말을 해서 남에게 미움을 사는 것을 꺼려 하지요. 물론 좋은 말을 하는 것이 나쁜 일은 아닙니다. 다만 문제는 친구 입장에서 듣기 좋은 말만 한다면 친구의 의무를 다하지 않는 것입니다. 평소에 진정한 마음으로 책망하고 꾸짖는 사람이 있다면 그가 바로 인생의 스승이자 진정한 친구라고 묵자는 말합니다.

셋째, 겸허한 태도로 마음을 여는 것입니다. 묵자는 자만하지 말고 겸허하며, 다른 사람의 비평을 기꺼이 받아들이라고 합니다. 그리고 자기 잘못을 바로잡아서 넓은 마음으로 타인의 장점을 흡수해야만 자신의 장점을 더욱 향상시킬 수 있다고 말합니다. 사실 이것은 말은 쉬워도 실천에 옮기기는 어려운 덕목이지요. 그러나 묵자는 "양자강과 황하는 작은 물줄기를 마다하지 않아 큰 강을 이루었다."는 말로 겸허한 태도를 가지라는 깨우침을 주고 있습니다.

넷째, 상대방의 자존심을 짓밟는 의미 없는 논쟁은 하지 않는 것입니다. 남의 체면을 깎아 얻은 승리 때문에 상대로부터 원한을 사서 화를 당할지도 모르는 일입니다. 상대방과 논쟁할 때는 두 가지 결과를 생각해 봐야 합니다. 하나는 의미 없는 표면적 승리이고, 또 하나는 상대방의 호감입니다. 이 두 가지는 한꺼번에 얻을 수 없습니다. 그렇다면 우리가 진정으로 원하는 것이 무엇인지 곰곰이 생각해 봐야 하는 것입니다.

다섯째, 나를 비워야 타인을 담을 수 있습니다. 교만은 사람의 몸을 감싸는 악취와 같습니다. 다른 사람의 의견이 나와 다르다고 잘난 척하지 말고 스스로를 돌아보아야 합니다. 그래야 마음을 비우고 더 성숙해질 수 있는 법이지요. 비워야 다른 사람을 담을 수 있습니다. 교만하면 자기 외에는 아무도 담을 수 없습니다. 자만을 내려놓고 마음을 비운 채 다른 사람을 따라 배우는 것입니다.

여섯째, 소인에게 맞서는 기술과 피하는 기술이 필요합니다. 묵자는 사람을 크게 '군자'와 '소인', 두 가지로 나누었습니다. 군자는 공명정대하지만 소인은 항상 다른 사람을 놓고 계산만 합니다. 늘 주변의 크고 작은 이익을 살펴 수시로 공짜로 얻으려는 마음이 강한 소인은 심지어 다른 사람을 막무가내로 음해하기도 합니다. 그 기세를 도무지 막을 길이 없을 정도입니다. 그러므로 소인과 교제할 때는 신중해야 합니다. 차라리 건드리기보다는 피하는 편이 낫습니다. "군자의 미움을 살지언정 소인의 미움은 사지 말라."고 했습니다. 따라서 소인을 절대 얕보아서는 안 됩니다. 묵자는 "군자는 소인과 친구는 되지 않더라도 소인을 대처하고 피할 줄 알아야 한다."고 말합니다.

일곱째, 자신의 재능을 지나치게 드러내지 않는 것입니다. 지혜로운 사람은 사람들에게 빛을 감추고 우둔함을 보여 줍니다. 빛을 감추고 우둔함을 드러내는 것은 자신의 지능이 낮음을 보여 주는 것이 아닙니다. 자신을 보호하고 화를 일으키지 않으며 재능을 더 잘 발휘하기 위한 것이지요.

어떻습니까? 이 묵자의 가르침이 바로 난세를 살아가는 비결이 아닌지요? 내가 못 당할 일은 남도 못 당하는 것입니다. 내가 좋아하는 일은 남도 좋아하지요. 그러니까 내 마음에 섭섭하거든 나는 남에게 섭섭하게 굴지 말아야 하는 것입니다. 반대로 내 마음에 만족하거든 나도 남을 만족하게 하는 것이지요. 이것은 곧 '내 마음을 미루어 남의 마음을 생각하는 법'입니다.

큰 재주 있는 사람은 남의 재주를 자기 재주로 삼을 줄도 압니다. 모든 일을 '화(和)'와 '유(柔)'로 해결하면 능히 '강(剛)'을 이길 수 있습니다. 그리고 촉(觸) 없이 그 일을 성취할 수 있는 것이지요. 그러나 아무리 '화'와 '유'로 하여도 되지 않을 때에는 부득이 '강'을 쓰기도 합니다. 그러므로 참다운 덕인은 밝을 자리에 능히 밝고, 어두울 자리에 능히 어두운 것입니다. 우리, 묵자의 이 '겸애와 비공' 사상으로 고달픈 인생을 잘 이겨 내면 어떨까요?

마음의 여유

요즈음, 사람들이 왜 그렇게 성급한지 모르겠습니다. 조금만 마음에 여유를 가졌던들 최소한 인생에 큰 사고는 면할 것인데 말입니다. 며칠 전에도 보복운전으로 몇 사람이 죽었답니다. '여유(與猶)'란 무엇일까요? 성급하게 굴지 않고 사리 판단을 너그럽게 하는 마음의 상태를 말함입니다.

다산 정약용의 당호가 '여유당(與猶堂)'입니다. 그 여유의 뜻이 그렇게 만만한 것이 아니네요. 도인의 풍모를 갖추지 않으면 감히 쓸 수 없는 말인 것 같습니다.

본래 '여(與)'와 '유(猶)'는 모두 짐승의 이름이라고 합니다. '여'는 의심이 많고, '유'는 겁이 많은 동물이라고 합니다. '유'라는 짐승이 하도 겁이 많아 무슨 바스락 소리만 나면 겁을 먹고 나무 위로 기어 올라갑니다. 그런데 정작 올라가 놓고는 내려오지도 못하고 올라가지도 못하고 그냥 머물러 있다는 것입니다.

노자는 『도덕경』에서 과거의 훌륭한 선비들을 일컬어 "신중하기(與)는 겨울에 내를 건너는 듯하고, 삼가기(猶)는 사방의 이웃을 두려워하듯 한다."라고 묘사한 바가 있습니다. 그러니까 '여'의 뜻은, 무릇 겨울에 내를 건너는 사람은 차가움이 뼈를 에듯 하므로 아주 부득이한 일이 아니면 건너려 하지 않는 것과 같습니다. 그리고 '유'는 사방의 이웃이 자신을 엿보지나 않을까 염려하여 부득이한 일조차도 감히 행하려 하지 않는다는 뜻인 것입니다.

거북은 초조함을 모릅니다. 소나기가 쏟아지면 머리를 몸 안으로 집어넣습니다. 햇볕이 따가우면 그늘에서 잠시 쉬어갑니다. 이처럼 유순하고 한가로운 동물은 장수합니다. 그러나 맹수는 단명하지요. 사람도 마찬가지입니다. 화를 잘 내고 성급한 사람들 중 장수하는 사람은 거의 없다고 합니다.

독일의 한 탄광에서 갱도가 무너져 광부들이 갱내에 갇혔습니다. 외부와 연락이 차단된 상태에서 1주일 만에 구조되었는데, 사망자는 단 한 사람, 시계를 찬 광부였다고 합니다. 불안과 초조가 그를 숨지게 한 것이지요.

사람의 삶에 어찌 좋은 일만 있겠습니까? 오히려 언짢고 궂은 일이 더 많을지도 모르지요. 행복한 순간을 슬기롭게 다스리는 것이 미덕입니다. 그리고 불우하고 불행한 때를 잘 이겨 내는 인내는 지혜가 아닌가요? 그러니까 낙관적이고 희망적인 의지를 가지고 살아야 합니다. 비관과 절망은 죽음에 이르는 병입니다. 그러나 낙관과 희망은 건전한 삶에 이르는 길이라는 생각입니다.

추운 겨울, 런던 시내의 한 악기 상점에 남루하게 옷을 입고 헌 바이올린을 든 남자가 들어섰습니다.

"무얼 찾으십니까?"

주인이 묻자 그가 말했습니다.

"제발 이 바이올린을 사 주세요. 배가 고파서 견딜 수가 없습니다. 무엇이든 먹어야 하니 얼마라도 좋습니다. 그냥 사 주세요!"

값어치 없는 악기라고 생각한 주인 벤츠 씨는 적선한다고 생각하고 5달러를 주고 그 바이올린을 샀습니다. 남자가 떠난 후 무심코 그 바이올린을 켜 보려고 벤츠 씨가 손잡이 줄에 대고 활을 한 번 튕겨 보니, 놀라운 소리가 났습니다. 깜짝 놀랄 정도로 풍부한 음색과 선율이었지요. 벤츠 씨는 급히 환한 불을 켜고 먼지투성이 바이올린을 자세히 살피기 시작했습니다. 그는 또 한 번 놀라지 않을 수 없었습니다. 거기엔 기절할 만한 글씨가 적혀 있었기 때문이었지요.

"Antonio Stradivari, 1704"

100~200년 전에 사라져 많은 사람들이 찾으려고 애썼던 거장 '안토니오 스트라디바리'의 바이올린임을 알게 된 것입니다. 벤츠 씨는 얼른 밖으로 나가 남자를 찾으려 했으나 이미 그 남자는 사라진 후였습니다.

절박함 때문에 큰 성공을 거두는 사람도 있습니다. 때론 그 절박함이 오판을 불러와 잘못을 일으키기도 합니다. 인생에서 절박함은 누구나 마주할 수 있는 상황입니다. 그러한 상황에 직면하여 행동할 때 한 번만 더 주변을 살펴보는 여유를 갖는다면 잘못보단 성공과 마주할 확률이 훨씬 더 큰 것입니다. 마음의 여유가 없으면 그 엄청난 '스트라디바리'를 단 5달러에 넘겨 버리는 우를 범하고 맙니다.

마음의 여유는 아름답습니다. 사랑하는 사람끼리 오해나 착오가 생겼을 때 서로 따지고 나무라고 말다툼하기보다는 상대를 편하게 해주는 사과부터 먼저 하는 마음의 여유를 가져야 합니다. 아내나 남편에게서 듣기 싫은 말을 들었을 때, 곧바로 퉁명스레 되받고 쏘아 주기보다는 잠시 뜸을 들였다가 부드럽게 대하는 마음의 여유를 챙기면 어떨는지요? 잘못 걸려온 전화가 다시 걸려와서 물어볼 때 귀찮게 한다고 짜증을 내며 끊어 버리기보다는 상냥하게 설명해 주는 마음의 여유가 아름답습니다. 어쩌다 자동차 접촉사고라도 났을 때 '내 잘못 아닌 네 잘못'이라고 소리 지르기보다는 서로 빙긋 웃으며 보험회사에 맡기는 마음의 여유가 아름다운 것입니다. 부모 자식 간 · 형제간 · 고부간에 마음 상하는 일이 생겼을 때, 하고 싶은 말 속 시원하게 다 해 버리기보다는 상대방의 기분을 헤아려 주는 마음의 여유는 어떤가요? 참을 수 없이 화가 치미는 일이 생겼을 때, 분을 참지 못하고 당장 화풀이하기보다는 큰 숨 세 번 정도 내쉬면서 한 번 멈추어 보면 어떨까요?

노자께서 마음의 여유를 갖는 '도인의 풍모' 일곱 가지를 말씀하신 것이 있습니다.

첫째, 도인은 얼어붙은 강을 건너듯 조심조심하는 것입니다.

둘째, 일을 당하여 사방을 경계하듯 머뭇거리는 것입니다.

셋째, 손님처럼 의젓하고 삼가는 것입니다.

넷째, 녹아내리는 얼음처럼 세상과 허물없이 소통하는 것입니다.

다섯째, 통나무처럼 소박한 것입니다.

여섯째, 계곡과 같이 마음이 텅 비어 있는 것입니다.

일곱째, 도인은 흐린 물처럼 혼탁해 보이는 것입니다.

어떻습니까? 도인의 풍모가요. 도인은 생사를 초월하고 우주의 진리에 달통한 사람입니다. 도인은 주저하기도 하지만 무엇보다 과단성이 있고, 매사에 긍정적이고 적극적이며, 정열적입니다. 손님처럼 자기 주장을 굽히기도 잘 하지만 확고한 자아를 지닌 주체적인 사람이기도 합니다. 또 도인은 소박하고 순수하지만 동시에 흙탕물과도 하나가 됩니다. 우리, 마음의 여유를 지닌 도인의 풍모를 가지면 어떨까요?

하심

가끔 고개를 빳빳이 쳐들고 도무지 '하심(下心)'할 줄 모르는 사람을 보면 측은하기조차 합니다. 벼도 익으면 고개를 숙인다는데, 어찌 조금 배우고, 조금 가졌다고, 조금 지위가 높다 하여 겸손할 줄 모르는지 도무지 이해할 수가 없습니다. 수행도 마찬가지입니다. 출가수행자나 재가수행자나 수행의 근본에는 '하심'이 있습니다.

'하심'이란, '마음을 낮추는 것'을 의미합니다. 말이 쉽지 실천하기가 참으로 어려운 것이 하심이지요. 하심 하나만 제대로 실천해도 '보살'이라 칭송을 받을 것입니다. 『법화경』「상불경보살품(常不輕菩薩品」에 '상불경보살'은 이름 그대로 항상 상대를 부처님같이 공경한다는 뜻이 있습니다. 그야말로 '처처불상(處處佛像) 사사불공(事事佛供)'이지요. 『금강경』에도 우리가 가장 버려야 할 것으로 아상(我相), 인상(人相), 중생상(衆生相), 수자상(首者相)을 들고 있습니다. 그 첫째가 '아상'입니다. 아상을 버리기 위해서는 자신을 비우고 낮추지 않고는 할 수가 없지요. 그러나 누구나 말은 쉽지만 실천이 어려운 것이 사실입니다.

중국 당나라 때 백낙천(白樂天 : 居易, 772~846)은 당송팔대가(唐宋八大家)로, 문장가에다가 뛰어난 학문의 대가였습니다. 엄청난 독서를 하여 알음알이는 누구도 당할 자가 없었지요. 그래서 교만하고 오만하기가 이루 말할 수가 없었습니다. 그러다 보니 사람들의 시샘을 받고, 좌천이 되고, 우여곡절을 겪게 됩니다. 한번은 지방 근무를 명받고 근무를 하던 중 '도림선사'라는 분이 '도인'이라는 말을 듣고 만나기로 하고 찾아갔습니다. 백낙천이 물었습니다.

"부처님 가름침의 대의가 무엇입니까?"

"모든 죄를 짓지 말고, 모든 착한 일을 받들어 행하라."

도림선사가 말씀하셨습니다. 백낙천은 속으로는 '공연히 왔다.'며 실망하지요.

"그 말은 세 살 먹은 아이도 다 아는 사실이 아니오?"

"세 살 먹은 아이도 다 알지만, 팔십 먹은 노인도 실천하기는 어려운 것입니다."

이 말을 듣고 백낙천은 앞이 캄캄해지는 것을 느꼈습니다. 자신을 돌아보니 머리와 입으로는 수없이 성현의 글을 읽고 머리에 가득 담아 가지고 다니며 오만하고, 또 남을 무시나 했지 정작 실천은 하지 못했던 것을 깨닫게 되었습니다. 부끄러워 머리를 들 수가 없었지요. 그래서 자신의 잘못을 뉘우치고 도림선사의 제자가 되었다고 합니다.

아무리 학문을 많이 하고 참선을 많이 하고 계율을 잘 지킨들, 마음속에 아만과 독심(毒心)이 가득하다면 무슨 의미가 있겠습니까? 수행자는 모름지기 자기의 마음을 살펴서 '아만심(我慢心)'을 경계해야 합니다. 아만심을 품은 사람은 자신만이 옳고 자신만이 바르다고 하며, 타인을 무시하거나 능멸하기 쉽습니다. 아만심을 잘못 가지게 되면 상대방이 어질고 훌륭한 덕성(德性)을 지닌 좋은 사람이라도 나쁜 사람으로 폄하합니다. 그리고 자기만 못하다고 온갖 이유를 다 갖다 붙이며 얕잡아 봅니다. 또한 자신의 허물은 교묘히 감추고 남의 허물만 밝힙니다. 또 수단과 방법을 가리지 않고 맹수처럼 공격하여 상처 내고, 결국 심한 경우 폭력을 행사하기도 하지요.

부처님은 그 만심(慢心)을 일곱 가지로 분류해 봅니다.

첫째, '만심(慢心)'입니다. 자기가 다른 이에게 우월감을 갖는 것을 말합니다.

둘째, '과만(過慢)'입니다. 자신보다 뛰어난 상대방에게 지나치게 교만심을 내는 것을 말합니다.

셋째, '만과만(慢過慢)'입니다. 상대방이 나를 능가하는데도 반대로 자신이 상대방을 능가한다 하여 과만보다 더욱 교만을 부리는 것을 말합니다.

넷째, '아만(我慢)'입니다. 자신이 아는 것만 믿고 여타의 것을 부정하는 것을 말합니다.

다섯째, '증상만(增上慢)'입니다. 깨닫지도 못하고서 깨달은 양 행세하는 것입니다.

여섯째, '비하만(卑下慢)'입니다. 절대 평등의 성품을 모르고 스스로를 비하하는 비굴한 마음을 이릅니다.

일곱째, '사만(邪慢)'입니다. 사악한 행동을 하고도 자신을 스스로 높이면서 타인을 타박하는 것을 말합니다.

지금까지 살펴본 바와 같이 일곱 가지 만심 중 한 가지라도 가지고 있으면 남이 먼저 알고 멀리하게 됩니다. 우리가 인생을 살아가면서 외롭고 쓸쓸한 사람은 자신을 잘 살펴볼 일입니다. 다른 사람에 대하여 자기 자신을 굽히고 마음을 겸손하게 갖는 것, 스스로 잘난 체하지 않고 늘 부족하다고 겸손해하면서 다른 사람을 존경하고 높여 주는 것입니다.

어떻습니까? 항상 자기 자신의 허물을 발견하고 다른 사람의 장점을 볼 줄 알며, 인욕(忍辱)하고 참회 반성하는 데에서 '하심'이 됩니다. '하심'은 비굴한 마음이 결코 아닙니다. 어디까지나 대포무외(大包無外)의 마음에서 남을 이해해 주고 감싸주며, 스스로 겸양하는 마음이지요.

교만이 많으면 사람을 잃고, 외식(外飾)이 많으면 진실을 잃습니다. 사람을 잃으면 세상을 버림이요, 진실을 잃으면 자기를 버리는 것이지요. 이 두 가지를 잃고 도(道)를 구함은 종자(種子)를 잃고 결실을 구하는 것과 같습니다.

우리, 배울수록, 가질수록, 높아질수록 겸양을 미덕으로 삼아 하심의 생활을 합시다. 그럼 세상의 추앙을 받는 도인(道人)으로 우뚝 서지 않을는지요!

인연작복

인간관계란 무엇일까요? 사람을 대하고 사귀고 하는 일입니다. 인간관계는 둘 이상의 사람이 빚어내는 개인적이고 정서적인 관계를 가리키지요. 이러한 관계는 추론, 사랑, 연대, 일상적인 사업관계 등의 사회적 약속에 기반을 둡니다.

인간은 사회를 이루고 살기 때문에 무엇보다 대인관계 능력이 중요합니다. 이런 능력이 떨어질 때에는 대인관계에서 소극적인 자세를 취하게 되고, 대인관계에 서툴러 많은 구설수에 시달리게 되지요. 또는 대인관계가 원만하지 못해 불이익을 받을 경우도 많습니다. 이럴 때는 꼭 주변에 대인관계가 좋은 사람이 있어 부러워지기도 하지요.

그런데 대인관계 능력은 변치 않는 게 아닙니다. 마음의 상처나 트라우마, 성격으로 대인관계를 스스로 틀 속에 가두었던 것에 불과한 것입니다. 누구나 조금씩 내공을 쌓아 그 틀을 깬다면 대인관계를 원만하게 가져갈 수가 있습니다.

인간관계는 사람과 사람 사이의 모든 관계를 포괄합니다. 그러니까 행복, 불행과 같은 감정을 불러일으키는 원인 중 인간관계가 85%나 차지한다고 합니다.

많은 사람들이 인간관계 때문에 심리학자에게 상담을 합니다. 그만큼 인간관계가 어렵다는 것을 반증하는 것입니다. 인간관계는 정답이 없고, 본인이 스스로 찾아야 합니다. 그 과정이 열심히 노력해도 성과가 없는 경우가 많습니다. 또한 자기 자신이 아무리 뛰어나다고 해도 사회 구조적인 요인 때문에 어려움에 부딪히기도 하지요. 그럼에도 1차적인 책임은 타인보다는 본인 스스로에게 있는 경우가 많습니다.

우리들이 마음을 터놓고 지낼 수 있는 친구 두 명만 있으면 인생은 성공이라고 합니다. 겉으로만 친구가 아니라 기쁘면 진심으로 같이 기뻐해 주고, 슬프면 진심으로 같이 슬퍼해 주며, 나를 위해 정말로 충고해 주거나 힘들 때 같이 있어 주는 친구가 과연 몇 명이나 있을까요? 실제로 그런 친구를 만들기는 굉장히 어렵습니다. 이런 친구들을 가진 사람들은 전부 덕(德)이 있거나 사람의 마음을 헤아릴 줄 알며, 진심으로 이해해 주고 진정으로 충고해 주는 사람일 것입니다. 그래서 그런 친구를 만들고 싶다면 자신이 먼저 그런 친구가 되어야 합니다. 마음놓고 지낼 수 있는 친구가 많으면 무슨 일을 당해도 든든합니다. 이렇게 좋은 친구를 만들어 가는 것이 '인연작복(因緣作福)'인 것입니다.

그럼 어떤 사람이 인연작복을 잘 할 수 있는지 한번 살펴볼까요?

첫째, 잘생기고 정갈한 사람입니다. 그런 사람을 보면 기분이 좋아집니다. 그래서 그런 사람은 어딜 가나 인기가 있습니다.

둘째, 사려 깊고 남의 고민을 잘 들어주는 사람입니다. 그런 사람은 남의 말을 잘 경청합니다. 그리고 유머감각이 있어 만나면 기분이 좋아집니다.

셋째, 관심사가 잘 맞는 사람도 인기가 있습니다. 유용한 분야의 전문지식, 능력을 갖춘 사람입니다. 남들이 많이 필요로 하기 때문이지요.

이렇게 인간관계가 좋은 사람은 서로 간에 도움이 됩니다. 또 서로서로 존중합니다. 한쪽이 다른 쪽을 경멸하고 싫어하는 관계에서는 친구 관계가 유지될 수 없습니다. 도움과 존중의 감정이 약하다면 '불편하다, 거북하다, 부담스럽다' 등의 인간관계로 발전합니다. 이런 감정을 방치해 두면 결국 인간관계가 깨지고 말지요.

이와 같이 인간관계란 어떤 형태로든 무언가를 주고받는 상호작용입니다. 결국 인간관계에 어려움을 느낀다면 자신의 강점을 개발해서 여러 사람이 자신을 필요로 하게 만드는 게 가장 현명하지 않을까요? 만나면 전혀 즐겁지 않고 경제적, 사회적인 도움만 주고받는다면 이건 친구라기보다는 인맥이나 지인에 가까울 뿐입니다.

그러면 인간관계가 나쁜 사람들은 어떤 사람일까요?

첫째, 상대를 어색하게 하는 말을 늘어놓는 사람입니다. 논점에서 벗어난 말로 갑자기 말을 바꾸는 사람입니다. 또 남의 말에 제대로 대답하지 않고 자기 할 말만 하는 유형의 사람이지요.

둘째, 만나면 즐겁지 않고 기분 나쁜 사람입니다. 자아도취에 빠져 있는 사람, 부정적인 사람, 예의를 지키지 않는 무례한 사람, 남에 대한 배려가 없는 사람, 그리고 공중도덕을 무시하는 등 유형의 사람들입니다.

셋째, 반사회적이고 음침하며, 혐오감을 주는 사람입니다. 기분 나쁜 사람 중에도 부정적인 말을 하는 유형의 사람입니다.

넷째, 재미없고 관심사가 안 맞는 사람입니다. 타인에게 별 관심이 없거나 취향이 완벽히 달라 서로 상극인 경우의 사람입니다.

다섯째, 상대에게 손해를 끼치는 사람입니다. 현실적으로 덜렁대고 거짓말하는 사람, 배려심이 없는 사람이지요.

여섯째, 도움을 받기만 하고 보답하지 않는 사람입니다. 남의 도움을 받아놓고 감사하지 않는 사람입니다. 인간관계는 주고받는 것이지 한쪽에서만 유지하려 애쓰는 게 아닙니다.

어떻습니까? 결국 나쁜 인연은 가까이 하지 않고 좋은 인연만 가까이 하는 것이 인연작복을 잘 하는 것이 아닐까요? 우주의 진리는 원래 생멸(生滅)이 없이 길이 돌고 도는 것입니다. 곧 가는 것이 곧 오는 것이 되고 오는 것이 곧 가는 것이 되며, 주는 사람이 곧 받는 사람이 되고 받는 사람이 곧 주는 사람이 되는 것입니다. 그러므로 많이 주는 사람이 인연작복을 잘 하는 사람입니다. 우리, 조금은 바보같이 무조건 베풀며 맨발로 뛰면서 인연작복 잘 지어 가시면 어떨까요?

위대한 열정

젊은 시절, 여인들이 저를 보고 뜨거워서 데일 것 같아 제 옆에 오기가 무섭다고 했습니다. 왜냐하면 제 성질이 불같아서 사랑을 해도, 일을 해도 엄청난 정열을 불살랐기 때문입니다. 그래서 제가 관여하는 모든 조직에서 언제나 머슴을 자처하고 맨발로 뛰었습니다. 그 많은 일들이 열정(熱情)이 아니면 불가능한 일이었지요. 그 열정 덕분에 사랑도 불타올랐고 일도, 조직도 조금은 활력을 불어넣을 수 있었던 것 같습니다.

'열정'이란 무엇일까요? 모든 일에 열렬한 애정을 가지고 열중하는 마음을 말하는 것입니다. 열정 없이는 사랑도, 사업도, 수행도 할 수 없습니다. 그러니까 가는 곳마다 주인의식을 갖고 일하라는 말이 아닐까요?

"수처작주(隨處作主) 입처개진(立處皆眞), 가는 곳마다 주인이 되어라. 서 있는 곳이 모두 진리이다." 이 말은 중국 당나라의 선승 임제의현(臨濟義玄 : ?~867) 선사의 어록인 『임제록(臨濟錄)』에 나오는 말입니다. 어느 곳에 가든지 '주인'이 된다면 그 모든 곳이 그대로 참되다는 의미입니다. 여기서 주인과 진리와의 관계가 중요합니다. 진리는 우리가 주인이 되었을 때 비로소 제 모습을 드러내는 것입니다. 그렇다면 여기서 말하는 '주인'은 누구일까요? 우리의 '진실된 자아〔眞我〕'를 말합니다. 이 '진실된 자아'라는 것은 '자유로운 사람'을 가리킵니다. '자유로운 사람'이란 어느 것에도 의지하지 않고, 어느 것에도 걸림이 없는 사람인 것입니다. 그 '자유인'이란 언제 어디서나 주인으로 사는 것입니다. 주인이 되기 위하여 우리가 취해야 할 중요한 태도는 평상의 삶에서 욕심과 편견에 대한 집착을 버리는 것이지요. 집착을 버렸을 때, 늘 깨어 있는 마음이 되어 위대한 열정을 불사를 수 있습니다.

미국의 스탠다드 오일 회사 직원 중 '존 아치볼드'라는 청년이 있었습니다. 그는 평사원이었지만 회사에 대한 애사심이 남달랐습니다. 출장 중 호텔에 숙박할 때, 자신의 이름과 함께 "한 통에 4달러, 스탠다드 오일"이라고 기록했습니다. 그리고 사람들을 만날 때도 언제나 "한 통에 4달러, 스탠다드 오일"이라고 말하며 명함을 건넸습니다. 그래서 어떤 사람들은 '아치볼드'라는 그의 이름 대신 '한 통에 4달러, 스탠다드 오일'이라고 부르기도 했지요.

어느 날, 그는 출장 중 호텔 숙박부에 이름만 쓰고 나온 것을 깨달았습니다. 다시 내려가 "한 통에 4달러, 스탠다드 오일"을 꼼꼼히 쓰고 있는데, 옆에서 그것을 지켜보던 한 신사가 있었습니다. 신사가 물었습니다.

"숙박부에 왜 그런 문구를 적습니까?"

그는 너무나 당연한 듯 대답했습니다.

"우리 회사를 좀 더 많은 사람들에게 알리고 싶어서지요."

며칠 후 록펠러 스탠다드 오일 회장이 그를 불렀습니다. 아치볼드는 록펠러 회장을 보더니 깜짝 놀랐습니다. 호텔에서 마주친 그 신사가 록펠러 회장이었기 때문입니다. 록펠러 회장이 그에게 말했습니다.

"나는 당신처럼 회사 일에 열정을 가지고 있는 사원을 옆에 두고 일하고 싶소."

아치볼드는 그날로 본사 발령을 받았으며, 스탠다드 오일 회사를 세계 최대 기업으로 만드는 데 크게 기여했습니다. 세월이 흘러 아치볼드는 스탠다드 오일의 사장으로 선출되었습니다.

어느 낙하산을 만드는 회사에서 완성된 낙하산의 품질 검사를 위해 직원들이 낙하산을 메고 높은 곳에서 뛰어내려 잘 펴지는지 검사를 합니다. 그런데 매번 펴지지 않는 낙하산으로 한두 명의 인명사고가 끊이질 않았지요. 고심하던 사장은 공장장을 새로 임명하였습니다. 공장장이 새로 온 후부터는 이상하게도 한 번도 사고가 나지 않았습니다. 사장은 무슨 비결이라도 있나 해서 신임

공장장에게 물어보았습니다. 대답은 너무나 간단했습니다.

"자신이 만든 낙하산을 메고 뛰어내리게 하는 겁니다."

이 간단한 진리를 이해 못할 사람이 있을까요? 이것이 바로 주인의식인 것입니다.

진정한 열정은 누가 알아주든 알아주지 않든 마음을 다해 좋아하는 것에 대해 최선을 다하는 것입니다. 그렇게 최선을 다하다 보면 의도하지 않아도 결과에 대한 보상이 따를 것입니다. 이 세상에 열정 없이 이루어진 위대한 것은 없습니다. 그 주인의식을 높이기 위한 세 가지 필수 요건이 있습니다.

첫째, '비전과 목표를 공유'하는 것입니다. 주인과 머슴을 구분하는 가장 분명한 차이는 목표의식과 목적의식이 있느냐, 없느냐에서 나타납니다. 주인은 비전과 목표가 분명하기 때문에 내일을 내다보며 즐겁게 일합니다. 하지만 머슴은 적당히 오늘 하루만 때우려고 하지요. 조직원들은 자신이 하는 일이 얼마나 의미 있는 일이며, 조직의 비전과 목표 달성에 자신이 어떻게 기여하는지 알아야 열정을 발휘하는 것입니다.

둘째, '지식과 정보를 공유'하는 것입니다. 조직원들의 주인의식을 높이기 위해서 지식과 정보를 공유하는 것입니다. 지식과 정보를 공유한다는 것은 곧 조직원들에게 자율성을 발휘할 수 있는 역량과 기회를 제공하는 것을 의미하지요. 자율성이 주인의식의 필수 요소임은 더 말할 나위가 없습니다.

셋째, '결과와 성과를 공유'하는 것입니다. 조직원들은 조직의 비전과 목표 달성을 위해 쏟은 자신의 노력이 어느 정도 성과에 기여했는지 모른다면 허탈감을 느낍니다. 결과에 대한 설명을 통해 직원들은 성취감을 느끼지요. 성과에 대한 공유, 즉 적절한 보상이 이루어졌을 때 자신이 조직의 중요한 일원이라는 소속감을 느끼게 되는 것이지요.

중생은 영리하게 제 일만 하는 것 같으나 결국 자신이 해(害)를 봅니다. 그러나 불보살은 어리석게 남의 일만 해주는 것 같으나 결국 자기의 이(利)를 취하게 되는 것입니다. 그래서 지혜 있는 사람은 지위고하를 가리지 않고 거짓 없이 그 일에만 충실하므로 시일이 갈수록 그 일과 공덕이 찬란하게 드러납니다. 그러나 어리석은 사람은 그 일에는 충실하지 않으면서 이름과 공(功)만을 구하므로 결국 이름과 공이 헛되이 없어지고 마는 것이지요.

어떻습니까? 위대한 열정을 가진 사람은 언제나 주인의식을 갖고 모든 일에 최선을 다하는 것입니다. 우리, 조금은 바보처럼 무조건 베풀며 세상을 위해 맨발로 뛰는 대자유인이 되면 어떨까요?

황혼이혼

언제부터인가 일본에서 유행한다는 황혼이혼이 이미 우리 사회에도 사회문제가 되고 있는 지 오래인 것 같습니다. '황혼이혼'은 1990년대 초반에 생긴 신조어입니다. 일본 경제가 불황에 접어들자 봉급생활자들 가운데 퇴직금을 탄 후에 부인으로부터 이혼소송을 제기당하는 경우가 많아진 것에서 비롯된 것이지요.

황혼이혼은 좁은 의미에서는 60~70대 이후 노인의 이혼을 말합니다. 그러나 넓은 의미에서 본다면 자녀들이 출가하였거나 대학생이 되어 독립할 수 있게 된 후의 이혼을 포함합니다. 그러니까 대체로 결혼생활을 20년 넘게 해왔던 50대 이상의 노년부부가 혼인관계를 해소하는 것을 말하지요.

2006년 12월 통계청 발표에 따르면, 전체 이혼 가운데 20년 이상의 부부가 이혼한 황혼이혼의 비율은 갈수록 높아져 1995년

8.1%에서 2000년 14.3%, 2003년 17.8%, 2004년 18.3%로 늘어났다고 합니다. 또 황혼이혼 연령층도 자녀들이 출가한 60대 이후에서 자녀들의 대학 입학 이후인 50대로 내려가고 있다고 하네요.

황혼이혼의 특징을 보면 첫째로, 연령대가 주로 50대에서 60대 이상이고, 둘째로 자녀가 대부분 성인이 되어 독립한 후라는 점, 셋째, 원인은 만성적인 경우가 많다는 것입니다.

그런데 황혼이혼을 하면 어떻게 되느냐가 문제지요. 우선은 당연히 재산분할소송에 들어가서 가지고 있는 재산을 분할해 주어야 하는 고통이 따릅니다. 그리고 본인이 받는 국민연금을 비롯한 각종 연금을 나누어 주어야 하는 문제도 있습니다. 즉, 다시 말해서 이혼하고 나서 내 연금 가지고 새로운 사람 만나서 잘 살 수 있다는 생각은 잘못된 생각이라는 것이지요. 왜냐하면 이혼 후 새로운 누군가와 만나 재혼을 하려고 하면 가장 먼저 따지는 것이 경제적 능력을 본다는 것입니다. 물론 진실성이 담보되어야 하는데, 서로가 지금까지 살아온 방식이 다르다 보니 상대방을 전 배우자처럼 이해하기가 어려운 것이지요. 게다가 서로에게 자식이 있으면 더 어려운 문제가 많아질 수밖에 없습니다. 쉽게 말하면 남편이나 아내에게 황혼이혼은 자칫 낭패를 볼 수 있다는 말입니다.

어쨌든 나이 들어 황혼이혼을 생각하기보다는 노년을 어떻게 잘 살아갈 수 있을까 생각해야 되는 것이 아닌가요? 퇴임 이후에는 건강, 여가, 돈, 인간관계의 관리가 더욱 중요해집니다. 그중 관계만 놓고 이야기할 때 부부 사이만큼 중요한 것도 없습니다. 한창 현역으로 일할 때에는 부부가 아침과 밤에 잠깐씩 마주치는 것이 전부지만, 은퇴 이후에는 30~40년 동안 하루 종일 마주보며 지내야 하는 것이 부부입니다. 결국 노년에 의지할 사람은 반려자뿐이지요.

그런데 문제는 나이가 들면서 집안에서 남편과 아내의 위상이 바뀌기 시작하는 것입니다. 남편의 권력은 그 동안 소통을 통해 신임을 쌓아온 아내에게 이양되기 시작합니다. 아내뿐 아니라 자식 중에도 내 편은 별로 없습니다. 심한 배신감을 느낀 남편들은 반란을 도모하기도 합니다. 최근의 황혼이혼 사례를 보면 남자들이 먼저 요구하는 경우가 늘고 있다고 하네요. 혼인 기간 30년 이상인 부부의 이혼이 2004년 4천600여 건, 2009년 7천200여 건, 2014년 1만300여 건으로 꾸준히 늘고 있는 가운데 남편이 먼저 청구하는 건수가 40%에 이른다는 통계입니다.

그런데 남자의 황혼이혼은 여자와 다른 점이 많다는 분석이 있습니다. 여자는 가족에게 희생한 자기 삶을 찾기 위해 이혼하지만, 남자는 비참하게 버림받기 전에 선수 치는 것이 마지막 자존심을 지키는 것이라는 생각에 이혼을 요구한다는 것입니다. 실제 남편이 먼저 황혼이혼을 청구하는 경우를 보면 벌써 아내가 수도 없이 이혼을 요구했거나 본인이 하지 않아도 조만간 이혼청구를 당할 상황이 상당수라고 합니다.

그 불행을 막을 방법은 결국 하나입니다. 아내의 방식을 이해하고 인정하는 노력을 해야 막을 수 있는 것이지요. 아내는 남편을 잃고도 15년을 더 산다고 합니다. 그러나 남편은 건강과 경제적 여건을 갖췄다 하더라도 아내가 있어야 만족감을 느끼고 오래 살 수 있는 것입니다. 하지만 여자는 남편이 없어도 별로 영향을 받지 않는다고 하네요. 아내는 남편을 잃고도 독립생활을 할 수 있지만 남자는 거의 불가능합니다. 왜냐하면 남자는 직장생활 말고는 거의 모든 것을 아내에게 의지하며 살아왔기 때문이지요. 그러니까 무엇보다 이상적인 부부관계는 은퇴 이후가 아니라 평소에 아끼고 신뢰하는 관계를 지켜 나가는 것입니다. 일도 중요하지만 가정에 소홀해선 안 됩니다. 특히 평소에 아내를 존중하고 아내만의 영역을 인정하는 것은 아주 중요합니다.

통계에 의하면 혼자 사는 남자보다 아내와 함께 사는 남자가 평균 수명이 더 길다고 합니다. 그 이유가 뭘까요? 이 문제를 풀어가는 데 있어 물고기의 예를 들어봅니다. 생선회를 파는 사람은 고기가 오래 살아 있기를 희망합니다. 생선이 죽으면 값이 확 떨어지기 때문이지요. 그럴 때는 수족관에 작은 상어 한 마리를 풀어놓으면 됩니다. 물고기들은 상어한테 먹히지 않으려고 열심히 피해 다니기 때문이지요. 긴장 상태의 물고기는 죽지 않고 오래 살아남는 것입니다. 물고기가 수족관 내에서 일찍 죽는 것은 태만하고, 긴장이 풀어져 있고, 제 맘대로 놀다 보니 운동량도 떨어져 일찍 죽는 것입니다.

우리 인생도 마찬가지 아닐까요? 남편은 아내가 있으면 항상 움직여야 하고 긴장을 하게 됩니다. 이 세상에 어떤 남편이라도 아내 때문에 긴장하지 않는 사람은 없을 것입니다. 아내를 가진 남자는 평생을 긴장하며 항상 움직일 태세가 되어 있습니다. 나태해질 여유가 없는 것이지요. 그 결과 남편들의 수명이 늘어난다는 것입니다.

어떻습니까? 아내란 참 고마운 존재가 아닌가요? 남편의 수명을 늘려 주니까 말이지요. 더욱이 몸이 불편한 저 같은 사람은 아내가 없으면 거산을 합니다. 그러므로 모든 남편은 아내에게 감사해야 합니다. 그리고 아내의 명령에 절대 복종해야지요. 그러면 인생 말년에 황혼이혼 하는 비극은 없을 것입니다.

가정은 만사(萬事) 만리(萬理)의 근본입니다. 인생의 근본을 깨는 이 황혼이혼만큼은 이 땅에서 살아지면 얼마나 좋을까요?

배려가 꽃피는 세상

요즘처럼 배려가 필요한 때는 없는 것 같습니다. 남의 입장은 눈곱만치도 생각지 않고 저마다 자기 입장만 내세웁니다. 그러니 정치도, 사회도, 가정도 모두 윤리와 도덕이 무너지는 것 같습니다. 정치는 철새들이 이리저리 날아다니고 꼼수를 부려서라도 자당의 법안을 통과시키려 합니다. 그리고 가정은 자식의 학대로 끔찍한 사건들이 연이어 터지고 있습니다. 이 모두가 배려가 부족한 탓인 것입니다.

'배려'란 무엇일까요? 어떤 사람이 다른 사람이나 사물을 관심 가지고 도와주거나 마음을 써서 보살펴 주는 것을 이릅니다. 사실 배려는 겉으로 보기에 손해 보는 장사인 것처럼 보입니다. 하지만 실제 현실 속에서는 양보나 자발적 희생, 배려와 같은 이타적 행동이 우리가 상상하는 것 이상의 긍정적인 결과를 가져오는 경우가 많습니다.

그렇지만 배려에도 기술이 필요합니다. 왜냐하면 배려를 요구하는 상황이나 받아들이는 사람들의 태도가 각각 다르기 때문이지요. 거기에다가 배려는 존경심이나 포용, 관용, 애정, 사랑 등과 같은 방식으로 다르게 표현될 수도 있습니다. 아무튼 배려하는 기술은 진심으로 우러나오는 마음을 더욱 세련되고 고상하게 다듬어 줍니다. 또한 배려는 마치 신앙심을 쌓아가는 것과도 같이, 한 순간에 만들어지는 것이 아니라 작고 사소한 것에 대한 세심한 배려를 습관화하고, 이를 차곡차곡 마음의 창고에 쌓아둘 때 완숙해지는 것이지요.

어느 한 할아버지가 암 선고를 받은 뒤부터 평소와 달리 난폭해지기 시작했습니다. 식구들에게 불평을 늘어놓는 것은 물론 주변 사람들에게 욕을 하고 싸움을 걸기도 합니다. 심지어 의사와 간호사들에게까지 난폭한 행동을 서슴지 않았습니다. 전문 상담가도 이 할아버지에게는 아무 소용없이 막무가내였지요.

그러던 어느 날, 할아버지와 가끔 동네 공원에서 만나던 꼬마가 병문안을 왔습니다. 내심 식구들은 걱정했지만 30분이 지난 후 아이는 웃는 모습으로 병실을 나왔지요. 꼬마는 다음 날도, 그 다음 날도 찾아와 할아버지와 시간을 함께했습니다. 그렇게 며칠이 지나자 할아버지의 태도가 놀랍게도 180도로 달라졌습니다. 할아버지는 사람들과 자연스레 어울렸으며, 대화도 부드럽게 나누었습니다. 할아버지의 변화에 놀란 식구들이 꼬마에게 물었지요.

"할아버지와 도대체 무슨 이야기를 한 거니?"

"아무 이야기도 하지 않았는데요?"

"아니, 매일 30분씩이나 할아버지와 함께 있으면서 아무 말도 안 했다는 거니?"

꼬마가 해맑은 얼굴로 대답하네요.

"전 그냥 할아버지가 우시기에 같이 울었을 뿐이에요."

어떻습니까? 흔히 우리 주변에서 일어나고, 또 지나치기 쉬운 노인들의 독고(獨苦)를 꼬마의 어른스러운 관심과 배려가 노인의 여생에 변화를 몰고 온 것이 아닐까요?

'배려', 이 말을 들으면 마음까지 따뜻해집니다. 누군가가 내 마음을 읽어 주고 알아준다는 것, 그것만으로도 고마운 일이 아닐 수 없습니다. 그 사람의 처지를 이해하고 가까이 다가가 마음을 같이해 준다는 것은 사람의 마음을 충분히 움직일 수 있습니다. 말은 하지 않았지만 함께 울어 주는 꼬마를 통해 할아버지는 마음의 위로를 받고 마음을 연 것이 아닐까요? 타인에게 선의를 가지고 정성을 들이는 사람이 100명만 있어도, 아마도 세상은 지금처럼 난장판은 되지 않았을 것입니다.

이와 같이 '배려'란, 나와 다른 사람 그리고 환경에 대하여 사랑과 관심을 갖고 잘 관찰하여 살펴 주는 것입니다. 내 생각대로 다른 사람을 잘 대해 주는 것이 아니라 상대방의 필요와 요구에 따라 잘 보살펴 주는 것이 바로 진정한 배려인 것입니다. 그러므로 배려를 잘 하기 위해서는 다른 사람을 사랑하는 마음과 관심이 선행되어야 할 것입니다.

우리가 이기적인 태도를 버리고 다른 사람을 배려하는 사람이 되기 위해서는 몇 가지 태도가 선행되어야 합니다.

첫째, 경청(傾聽)하는 태도가 필요합니다. '경청'이라는 뜻은 다른 사람이 말하는 것과 행동하는 것을 주의 깊게 잘 들어서 그 사람이 얼마나 소중한지를 알려 주는 것입니다. 경청의 바른 자세는 하던 모든 일을 멈추고 상대방에게 집중하는 것입니다. 또한 상대의 말에 반응하며 상대의 말을 요약하며 듣는 것을 올바른 경청의 자세라고 할 수 있습니다. 그리고 이야기한 것을 잘 기억할 수 있도록 기록하면서 듣는 것입니다. 또한 모르는 것이 있으면 질문을 하는 것이지요. 경청한다는 것은 말하고 있는 상대를 존중하고 있다는 것을 보여 주는 표현입니다. 다른 사람에게 배려를 잘 하기 위해서는 이처럼 경청하는 태도가 우선적으로 필요합니다.

둘째, 상대방의 기분을 이해하고 상냥하게 대해 주는 것입니다. 다른 사람을 배려한다는 것은 다른 사람을 기쁘게 하려는 것이 기본입니다. 그러므로 상대방이 필요한 것이 무엇인지 생각해 보고, 긍정적인 태도로 공손하게 그리고 상냥한 태도로 표현해 주어야 하는 것입니다.

셋째, 불평하지 않고 즐거운 마음을 유지하는 태도입니다. 다른 사람을 돕는다는 것은 기쁜 것이라는 가치관을 마음속에 심어 주는 것이 필요합니다. 내가 조금 손해를 보고, 무조건 베풀며, 맨발로 뛰는 기쁨의 태도에서부터 배려는 시작됩니다.

넷째, 기쁘게 행동으로 옮겨야 합니다. 저 사람을 위하여 이렇게 해주면 좋을 것이라고 생각만 하고 행동으로 옮기지 않는다면 소용없는 일입니다. 진정한 배려는 생각한 것을 실천하는 것입니다.

그렇습니다. 배려는 이렇게 하는 것입니다. 배려하는 사람만이 자신의 주변을 행복하게 만드는 진정한 지도자가 되어 성공적인 삶을 누리게 됩니다. 정신, 육신, 물질로 많이 베푸는 사람이 장차 복을 많이 받는 사람이 되는 것이지요. 세상과 이웃을 위하여 맑고 밝고 훈훈하게 배려가 꽃피는 아름다운 세상을 만들어 가는 것도 훌륭한 공덕이 아닌지요!

통곡의 미학

젊은 시절 천방지축으로 살 때, 술이 몹시 취해 들어오면 저도 모르게 설움에 북받쳐 통곡(痛哭)할 때가 자주 있었지요. 물론 세상을 살아가기가 너무 힘들어 한이 쌓여서 그랬는지도 모릅니다. 그러나 펑펑 울고 나면 가슴이 뻥 뚫리고 후련해진 것이 사실입니다. 그런데 최근 그저 막연하였던 그 '통곡의 미학'이 과학적인 근거가 있는 것으로 밝혀졌네요.

의학자들에 의하면, 사람의 기분은 우리 몸에 직접적으로 생물학적인 영향을 끼친다고 합니다. 우리는 보통 웃음이 건강에 큰 도움이 된다고 알고 있지요. 그런데 울음 또한 웃음 못지않게 건강의 지표가 된다면 의외로 생각하는 사람들도 적지 않을 것입니다. 그러나 이것이 사실이라고 합니다.

얼마 전 암을 세 번이나 극복한 어느 교수가 방송에 나와 인터

뷰한 이야기는 상당히 인상 깊었습니다. 그는 "내가 암을 이겨 낼 수 있었던 것은 맞춤운동의 효과도 컸지만, 울고 싶을 때 크게 소리 내어 울었기 때문"이라고 말했습니다.

또 영국의 다이애나 황태자비가 교통사고로 사망하자 그 슬픔으로 영국인들이 아주 많이 울었다고 합니다. 그런데 신기한 일은 그해 우울증 환자가 평소의 절반 수준으로 떨어졌다는 통계가 나온 것입니다. 이를 두고 심리학자들은 울음으로 스트레스를 날려 보냈기 때문으로 풀이하며, '다이애나 효과'라고 이름 지었습니다.

일본의 시사주간지 《아에라(AERA)》는 30~40대 남녀 400명을 대상으로 눈물의 효능에 관한 설문조사 결과를 소개한 적이 있었습니다. 거기에 따르면 눈물이 직장과 일, 부부관계뿐만 아니라 건강을 지키는 데도 매우 큰 도움을 준다고 밝혔습니다. 그런데 일본에는 눈물에 관한 재미있는 사례가 또 있습니다. 도쿄의 신생 광고회사 '비루콤'은 신입사원을 채용하는 면접 시에 다른 사람 앞에서 울 수 있는지를 묻는다고 합니다. 다른 사람 앞에서 울 수 있는 사람은 그 어떤 자존심도 버리고 성실하게 일할 수 있다고 평가하기 때문이지요.

눈물은 또 잠자리를 기피하는 '섹스리스' 부부에게도 효과가 있다는 견해도 있습니다. 부부끼리 진지하게 울고 난 다음에는 자연스럽게 스킨십으로 연결되는 효과가 있기 때문이라고 합니다. 실제로 우리나라의 설문조사에서도 여성의 82%, 남성의 58%가 '사랑' 때문에 울어본 적이 있다고 대답했습니다.

저는 오래 전부터 우리 덕화만발 가족들에게 웃으라고 권합니다. 왜냐하면 '행복한 사람이 웃는 것이 아니고 웃는 사람이 행복하다.'는 말을 믿기 때문이지요. 그런데 갑자기 "웃어라, 웃어야 한다."고 주장하던 제가 갑자기 "울어라, 통곡을 해야 한다!"고 부르짖으니 이상하게 생각되시지요? 하지만 이상할 것이 전혀 없습니다. 왜냐하면 '우는 일이 웃는 일과 동일선상에 있는 공존의 감정'이라고 보기 때문입니다. 그러므로 우는 것은 웃는 것과 똑같은 효과가 있는 것입니다.

중증 류머티즘 환자들에게 눈물을 흘리게 한 뒤 면역 기능의 변화를 관찰한 결과, 스트레스 호르몬인 '코티솔' 수치와 류머티즘을 악화시키는 '인타로이킨-6'의 수치가 떨어지는 것을 알 수 있었다고 합니다. 또 암을 공격하는 '내추럴 킬러(NK)' 세포가 활성화되었다는 실험 결과가 있습니다.

사람들은 대체로 울음과 웃음이 정반대의 현상이라고 생각합니다. 하지만 '웃음요법' 못지않게 '울음요법' 역시 그 치료 효과가 뛰어나다고 하네요. 이와 같이 울음요법은 잠시 무의식 상태에 빠지는 최면과는 다르다고 합니다. 왜냐하면 자신의 기억 속에 저장된 정신적 충격을 스스로 기억해 내고, 이를 눈물로 배설하는 과정이기 때문이라는 것이지요.

사랑하는 사람이 세상을 떠나고 나서 슬픔에 잠겨 있던 사람이 울음요법 치료를 다 마치고 나서 웃음을 되찾은 사례는 의학적으로 매우 많이 볼 수 있는 결과라고 합니다. 그래서 운다는 것은 그 자체로서 매우 건강한 일이라고 단정 지을 수 있지요. 우는 과정을 통해 과거의 심적 고통이 깨끗이 치유되기 때문입니다.

사람은 과거의 감정을 묻어 두고는 정상적으로 살아갈 수 없습니다. 과거의 불행했거나 나쁜 기억들은 몸속에 도사리고 있다가 정신적인 안정을 방해하고, 어떤 식으로든 현실에 적응하는 것을 힘들게 만듭니다.

역사적으로 볼 때 어느 사회에서나 남자의 눈물은 오랫동안 금기시되어 왔습니다. 우는 것은 남자답지 않다고 생각해 왔기 때문이지요. 하지만 요즘에는 텔레비전 드라마를 통해 볼 때 남자들도 눈물을 감추지 않는 것을 볼 수 있습니다. 그만큼 우리나라 사람들의 정서가 솔직해졌다는 얘기가 아닐는지요.

한마디로 울고 싶을 때는 울어야 한다는 것입니다. 실컷 울고 나면 마음이 후련해집니다. 그러니까 우는 일을 잘 해야 웃는 일도 잘 할 수 있는 것입니다. 눈물은 여러 가지 배설작용 가운데 오랫동안 그 이유가 정확하게 밝혀지지 않은 행위였습니다. 그런데 최근 전문가들은 감정적인 눈물이 정신적인 충격을 없애 준다는 데 한결같이 동의하고 있다고 하네요. 그러므로 눈물은 웃음과 함께 진리께서 인간에게 내려 준 가장 큰 선물이자 우리 몸의 '자연 방어제'라고 말할 수 있습니다. 웃음이 우리의 기분을 바꿔 주고

면역력을 높이는 것처럼, 울음도 스트레스를 해소시켜 몸과 마음을 건강하게 해주는 것임을 기억하면 좋겠습니다.

결론적으로 가슴속에 맺힌 슬픔과 한을 눈물에 담아 펑펑 쏟아내야 몸 안의 독소를 뽑아내 건강하게 살 수 있다는 얘기입니다. 분노·화·미움·슬픔처럼 눈물로 덜어 내야 하는 일들을 참고 외면할 때 가슴속에 쌓인 감정들은 독소가 되고, 몸의 생기마저 빼앗아간다는 것입니다. '웃음이 파도'라면 '통곡은 해일(海溢)'입니다. 마음 깊은 곳에 가라앉아 있는 상처들을 완전히 끌어올려 쓸어 내지 않으면 마음에 병이 생기고, 이것은 곧 몸의 병이 됩니다.

어떻습니까? 울음은 웃음과 똑같은 치유 효과가 있다고 했습니다. 그렇다면 우리가 우는 것에 그리 인색할 이유는 없는 것이 아닐까요? 우리, 이왕 울고 싶다면 마음껏 울어 보는 것입니다. 소리 높여 옛날의 저처럼 통곡하며 우는 것입니다. 그러면 삶이 고달파 짓눌린 어깨도 한층 가벼워지며, 인생에 새로운 활력이 샘솟지 않을는지요!

주름살의 품위

며칠 전 점심을 먹다가 우리 집사람 사랑초 정타원(正陀圓)이 느닷없이 저를 보고 '내생에도 제 아내로 다시 오겠다.'는 것입니다.

'갑자기 왜 그러지? 겁나는데?!'

왜냐하면 제 얼굴에 주름살 하나 없이 품위 있게 늙어 가기 때문이랍니다.

'아니 세상에 그렇게 오래 살고도 지겹지도 않은가?'

그래도 자기 아내에게 인정받고 산다는 것이 여간 기분 좋은 일이 아니네요.

우리가 품위 있게 늙으려면 내면적인 아름다움을 개발해야 할 것입니다. 늙어도 우아하고 품위 있게 늙어 가야 합니다. 품위가 깃든 주름살 앞에는 고개가 숙여집니다.

『탈무드』를 보면 이런 말이 있습니다. "늙는 것을 재촉하는 네 가지가 있다. 그것은 두려움, 노여움, 아이, 그리고 악처이다." 좀 더 품위 있게 살려면 이런 부정적인 것들을 마음속에서 몰아내야 합니다. 그런데 나이가 들수록 순수를 잃어버리고 고정관념에 휩싸여 남을 무시하려는 생각이 들게 마련이지요. 자신도 모르게 왠지 뻔뻔스러워지고, 우연한 행운이나 바라고, 누군가에게 기대려 합니다. 도움을 받으려는 생각, 남을 섬기기보다는 부리려고만 하네요.

나이가 들수록 그만큼 경륜이 쌓였기 때문에 우리는 남보다 더 많이 이해하고 배려하며 베풀고 살아야 합니다. 또한 더 너그러워져야 하는데, 오히려 아집(我執)만 늘어나고 속이 좁아지는 사람도 있습니다. 그러나 우아하게 늙는 사람은 자기 삶에서 성취감을 느끼며, 감사하며 살아갑니다. 그런 사람은 나이가 들수록 넓고 큰마음을 갖습니다.

빅토르 위고는 "주름살과 함께 품위가 갖추어지면 존경과 사랑을 받는다."고 했습니다. 나이가 든 만큼, 살아온 날들이 더 많은 사람일수록 남들보다 더 오랜 경륜을 쌓아 왔습니다. 그러므로 더 많이 이해하고, 더 많이 배려하며, 넉넉한 마음으로 이웃과 아랫사람들을 포용해야 합니다. 그러면 나이 듦이 얼마나 멋진지를 보여 주며 살 수 있을 것입니다.

그럼 품위 있게 늙으려면 어떻게 하면 좋을까요? 조지 베일런트(George E. Vaillant)의 「품위 있게 나이 드는 법」에서 한번 찾아보면 좋겠습니다.

첫째, 자리이타(自利利他)의 삶을 살아가는 것입니다. 나도 이롭고 너도 이로운 것! 다른 사람을 소중하게 보살피고, 무조건 베풀며, 새로운 사고(思考)에 개방적이며, 신체 건강의 한계 속에서도 사회에 보탬이 되고자 노력합니다.

둘째, 품위 있게 살려고 노력하는 것입니다. 노년의 초라함을 기쁘게 감내할 줄 알고, 다른 사람의 도움이 필요하다는 사실을 인정하며, 그 사실을 품위 있게 받아들입니다.

셋째, 주체적으로 사는 것입니다. 언제나 희망을 잃지 않고, 스스로 할 수 있는 일은 늘 자율적으로 해결합니다. 그리고 매사에 주체적인 삶을 살아갑니다.

넷째, 인생을 즐기는 것입니다. 유머감각을 지니고, 인터넷을 통해 삶을 즐길 줄도 알아야 합니다. 또한 삶의 근본적인 즐거움을 위해 겉으로 드러나는 행복을 포기할 줄도 알아야 하지요.

다섯째, 끊임없이 배우려고 노력하는 것입니다. 과거를 되돌아볼 줄 알고, 과거에 이루었던 성과들을 소중한 재산으로 삼습니다. 그리고 다음 세대로부터 새로운 지식을 끊임없이 배우려고 노력해야 하지요.

여섯째, 사랑의 씨앗을 계속 뿌려야 합니다. 오래된 친구나 카페 회원들과 계속 친밀한 관계를 유지하려고 노력하는 것입니다. 사랑의 씨앗을 거듭해 뿌리면 세세생생에 상생의 선연을 만나게 되지요.

어떻습니까? 이대로만 하면 과연 우리가 품위 있는 노인이 될까요? 이것은 외면적인 것에 불과합니다. 내면적인 수행을 아우르지 않으면 주름살의 품위는 갖출 수 없습니다. 그럼 그 수행은 어떻게 하는 것일까요?

첫째, '정신수양(精神修養)'하는 것입니다. '정신'이라 함은 마음이 두렷하고 고요하며, 분별성(分別性)과 주착심(住着心)을 없이 하는 것입니다. 그리고 밖으로 우리의 마음을 산란하게 하는 경계에 끌리지 아니하여 두렷하고 고요한 정신을 양성하는 것이지요.

둘째, '사리연구(事理研究)'를 하는 것입니다. '사(事)'라 함은 '인간의 시비이해(是非利害)'를 이름입니다. '이(理)'라 함은 '천조(天造)의 대소유무(大小有無)'를 이름이지요. 이 '대(大)'는 우주만유의 본체이고, '소(小)'는 만상(萬象)이 형형색색 구별되어 있는 것을 말합니다. 그리고 '유무(有無)'라 함은 천지의 춘하추동 사시순환과 풍운우로상설(風雲雨露霜雪) 또한 만물의 생로병사와 흥망성쇠의 변태(變態)를 아는 것입니다. 물론 '연구'라 함은 사리를 연마하고 궁구(窮究)함을 이름이지요.

셋째, '작업취사(作業取捨)'하는 것입니다. '작업'이라 함은 무슨 일에나 '안이비설신의(眼耳鼻舌身意)', 육근(六根)을 작용하는 것을 말합니다. 그리고 '취사'는, 정의는 취하고 불의는 버리는 것이지요.

우리는 이 정신수양·사리연구·작업취사 세 가지를 '삼학(三學)'이라 부르고, 이 삼학을 닦은 힘을 '삼대력(三大力)'이라 합니다. 그러니까 이 세 가지를 닦아가는 것이 바로 수행이지요. 이 길은 스스로 닦아야 하는 길입니다. 열심히 수행해감으로써 얻어지게 되는 주름살의 품위는 그 누구도 흔들 수 없는 자신만의 재산입니다.

주름살의 품위를 갖춘 사람은 항상 겸손하고 남을 받들며 용서하고, 정신·육신·물질로 베푸는 사람입니다. 그리고 이 땅에 더불어 살아가는 모든 생령(生靈)을 사랑하는 사람이지요.

우리, 이 외면적인 여섯 가지 '품위 있게 늙는 법'에다가 이 내면적인 '삼학'을 더하는 것이 아마도 우리가 노년에 주름살의 품위를 으스대는 길이 아닐는지요!

만리향의 비밀

‘마중지봉(麻中之蓬)’이란 말이 있습니다. ‘삼밭에 난 쑥’이라는 뜻으로, 선량한 사람과 사귀면 그 영향을 받아 자연히 선량하게 된다는 말입니다. 『순자』「권학편(勸學編)」에 나오는 이 말은 “봉생마중 불부이직(蓬生麻中 不扶而直)”이 원문입니다. 해석하면 쑥은 보통 곧게 자라지 않지만, 똑바로 자라는 삼과 함께 있으면 붙잡아 주지 않더라도 스스로 삼을 닮아 가면서 곧게 자란다는 뜻입니다. 다시 말해 ‘하찮은 쑥도 삼과 함께 있으면 삼이 될 수 있다.’는 말입니다. 사람도 어진 이와 함께 있으면 어질게 되고 악한 사람과 있으면 악하게 된다는 것을 비유한 것이지요. 이런 까닭에 군자는 거처를 정할 때 반드시 마을을 가리고[擇], 교유(交遊)할 때는 반드시 곧은 선비와 어울립니다. 이는 사악함과 치우침을 막아서 중정(中正)에 가까이 가기 위함이지요.

쑥은 무릎 정도로 자라는 것이 보통이지만 쑥이 삼밭에 났을 때에는 삼과 똑같이 자랍니다. 삼이 한 자 자라면 쑥도 한 자 자라고, 삼이 여섯 자 자라면 쑥도 여섯 자 자라납니다. 가까이서 보지 않으면 쑥대와 삼대를 구분할 수 없을 정도로 똑같아 보입니다. 즉, '마중지봉'이란 말은 좋은 환경에서 자란 사람은 주위의 감화를 받아 선량해진다는 말이며, 여기에서 '삼'은 '좋은 벗, 좋은 환경'을 말하고 있습니다. 구부러진 쑥도 삼밭에 나면 저절로 꼿꼿하게 자라듯이 좋은 환경에 있거나 좋은 벗과 사귀면 자연히 주위의 감화를 받아서 선인(善人)이 되는 것입니다.

꽃 중에 '천리향(千里香)'과 '만리향(萬里香)'이라는 봄꽃이 있습니다. 천리향은 상서로운 꽃이라 하여 '서향(瑞香)'이라고도 하며, 아주 향기가 진해서 붙여진 이름입니다. 그리고 만리향은 '섬엄나무'라고도 부르며 돈나무과의 돈나무를 이릅니다. 향기가 천리향보다, 야래향(夜來香)보다 더 멀리 만리만큼 퍼진다 하여 '만리향'이라고 부르고 있습니다.

제가 권투 프로모터를 하다가 친구의 손에 끌려 원불교 여의도교당에 입교를 하게 되었습니다. 처음 교무님과의 대화 때 연신 담배연기를 내뿜던 저를 보고 후일 교무님께서는 제 눈빛에서 살기(殺氣)를 보셨으며 피비린내가 나는 것을 느끼셨다고 합니다. 그런 저를 요즈음 만나는 사람마다 도인 냄새가 난다고 합니다. 이마에는 주름살 하나 없고, 눈썹은 백미(白眉)이며, 몸에서는 향기가 난다고 합니다. 이를 일러 '선풍도골(仙風道骨)'이라 하던가요? 어쨌든 입교 당시의 피비린내가 30여 년의 세월 동안 천리향이나 만리향의 냄새가 난다고 하면 하늘과 땅만큼이나 현격한 인생을 살아가고 있는 것을 말함일 것입니다.

이 세상에 모든 만물은 나름의 색깔과 향기가 있습니다. 식물에게 있어서 그 향기가 각기 다르듯이 사람에게도 각자가 가지고 있는 향기가 다르게 나타난다는 것입니다. 아름다운 향기가 나는 사람이 있는가 하면 예전의 저처럼 피비린내를 풍기는 사람도 있다는 것입니다. 이렇게 누구나 자기만의 개성에 독특한 향기가 있습니다. 이 만리향의 향기는 우리가 인위적으로 만들어서 낼 수 있는 것이 아닙니다. 세월의 경륜과 신앙과 수행을 통해 만들어진 향기입니다.

아름다운 향기가 나는 사람의 곁에서는 오래 머물고 싶은 마음이 일어나게 됩니다. 그러나 그렇지 않은 사람 곁에서는 머물고 싶지 않은 마음이 나는 것이 아마도 인지상정일 것입니다. 그렇다면 지금의 우리들에게는 어떤 향기가 나고 있는가를 살펴보아야 하지 않을까요?

마음이 넓고 이해심이 많은 사람은 만리향의 향기가 날 것입니다. 마음에 욕심이 많아 삼독심(三毒心)이 가득한 사람이면 고약한 냄새가 날 것이며, 자비와 덕을 갖춘 사람이라면 천리향·만리향의 향기가 날 것입니다. 그건 그 사람의 말 한마디, 행동 하나에서 느낄 수 있는 것입니다.

우리는 사람으로서 가지는 품격이나 사람의 됨됨이를 보고 '인품'이라고 합니다. 인품은 말과 행동에서 얼마나 일치하며 살아가는가에 따라 그 사람의 평가를 통해, 즉 인품이 달라지게 보일 것입니다. '지행합일(知行合一)'이라 했습니다. 생각과 말과 행동이 항상 같고 일치하는 사람은 아름다운 향기가 날 것입니다. 꽃의 향기가 아름다울수록, 인향(人香)이 아름다운 사람일수록 그 주변에는 많은 사람들이 따를 것입니다.

사람의 향기 중 가장 아름다운 향기는 어떤 향기일까요? 부처님이나 예수님이나 소태산 부처님처럼 성현들이 풍기는 아름다운 향기는 수천 년 전부터 지금까지 시공을 초월해서 전해 오고 있습니다. 성현의 향기는 심향(心香)이고 법향(法香)이며, 도향(道香)이요 제향(濟香)일 것입니다. 『법구비유경(法句比喩經)』에 이런 법문 말씀이 있습니다.

악한 사람에게 물드는 것은 냄새나는 물건을 가까이 하는 것과 같아 조금씩 물들어 가다가 저도 모르게 악한 사람이 된다. 어진 사람에게 물드는 것은 향을 가까이 하면 향내가 배는 것과 같아 지혜와 선한 일이 익혀져 저도 모르게 향기롭고 청정하게 된다.

현명한 이를 가까이 하면 도심(道心)이 높아지고, 어리석은 이를 가까이 하면 재앙이 오기 쉽습니다. 이 이치는 마치 향을 쌌던 종이는 향내가 나고, 생선을 묶었던 새끼줄은 비린내가 나는 것과 같은 것입니다. 이와 같이 우리가 살면서 어떤 사람을 가까이 하고 사느냐 하는 것은 매우 중요한 일입니다.

큰 산이라야 많은 나무와 큰 짐승들이 살 수가 있습니다. 깊은 바다라야 많은 물고기들이 의지하고 살 수 있는 것입니다. 마찬가지로 사람에게도 덕이 많고 자비가 너른 인물이라야 많은 중생들이 의지하고 살게 되는 것입니다. 아름다운 향기가 있어 많은 사람들이 내게 의지하고픈 마음이 나게 하는 것은, 내가 곧 덕과 자비를 갖춘 인물이어야 하는 것입니다.

만리향의 꽃향기가 그윽합니다. 수도인의 몸에서는 만리향이 풍겨야 합니다. 진리와 도덕만 갖추면 자연 만리향이 사방에 풍겨서 일체생령이 구원을 받으려고 모이게 되는 것입니다. 그 만리향의 비밀이 무엇일까요? 맑고 밝고 훈훈한 덕화만발의 세상에서 사는 우리들이 한결같이 온몸에서 만리향을 뿜어내는 이유는 그 비밀을 풀어서가 아닐까요!

지혜

사람이 일생을 살아가면서 무엇이 가장 소중할까요? 그건 아마도 '지혜(智慧)'일 것입니다. "복(福)도 다하면 타락(墮落)한다." 하였습니다. 지식도 오래되고 녹슬면 없어집니다. 그러나 지혜는 영원히 살아 있습니다. '지혜'란, 사물의 이치나 상황을 제대로 깨닫고 그것에 현명하게 대처할 방도를 생각해 내는 정신의 능력입니다.

그러면 지혜는 선천적으로 타고나는 것일까요, 아니면 어디서 배워야 하는 것일까요? 어떻게 하면 지혜를 많이 얻을 수 있고, 언제 어디서라도 지혜롭게 삶을 살아갈 수 있는 것일까요? 그리고 지혜는 머리 좋은 사람만이 낼 수 있는 것인가요? 지혜는 누구도 가르쳐 주지 않습니다. 지혜를 가르쳐 주는 곳도 없습니다. 다만 세상의 지식이나 다른 여러 가지의 내용들을 배우거나 경험, 체득할 때 지혜가 하나둘씩 자신에게 쌓여가는 것이라고 생각해 봅니다.

손빈(孫臏 : 생몰연대 미상))은 중국 전국시대의 전략가입니다. 병가(兵家)의 대표적 인물 중 한 명이지요. 손무(孫武)의 손자이고, 손무와 같이 '손자(孫子)'로 불립니다. 『손빈병법(孫臏兵法)』은 바로 이 손빈이 저작한 책이지요.

한번은 제나라의 위왕이 여러 대신들과 함께 길을 가다 어느 산 밑에 도착했습니다. 위왕은 한참 산봉우리를 바라보다가 대신들을 둘러보며 말했습니다.

"누가 나를 저 산봉우리에 올릴 수 있겠느냐? 너희들 가운데 그런 재주를 가진 자가 있으면 큰 상을 내리겠다."

위왕의 말을 들은 신하들은 난처하기 짝이 없었지요. 어떻게 왕을 산봉우리로 올릴 수 있겠습니까? 그래서 신하들은 서로 얼굴만 쳐다볼 뿐이었죠.

그러자 위왕은 신하들 사이에 서 있는 손빈을 지목하며 물었습니다. 손빈은 난처한 표정으로 입을 열었습니다.

"저는 임금님을 산 밑에서 산봉우리로 올릴 수는 없습니다. 하지만 임금님이 만약 산봉우리에 계신다면 산 밑으로 내릴 수는 있습니다."

"그게 정말이냐?"

위왕은 '아래에서 위로 올릴 수는 없다고 하면서 어떻게 위에서 아래로 내릴 수 있다는 말이지?' 하는 의구심이 들면서도 손빈의 그 방법이 너무 궁금해서 산봉우리로 향해 걸어갔지요.

한참을 걸어 드디어 왕과 신하들이 모두 산봉우리에 이르자, 손빈은 임금의 앞으로 나가 머리를 조아리며 말했습니다.

"임금님! 저를 용서하여 주십시오. 저는 이미 전하를 산봉우리로 올려놓았습니다."

그제야 위왕은 손빈이 자신을 깨우쳐 주기 위해 지혜를 발휘한 것을 깨달았습니다.

그럼 지혜는 어떻게 얻는 것인지요? 배움을 추구하는 한 젊은이가 어느 날 현자(賢者)에게 찾아가 물었습니다.

"선생님! 지혜를 얻기 위해서는 제가 어떻게 하면 되나요?"

현자는 답변을 주지 않았죠. 젊은이는 계속해서 같은 질문을 던졌지만 현자는 끝내 입을 열지 않았습니다. 다음 날, 젊은이가 다시 현자에게 찾아와 질문을 했습니다. 그러나 이번에도 현자는 답을 주지 않았습니다. 그 다음 날, 젊은이가 찾아와 또 물었습니다.

"선생님, 지혜를 얻기 위해서는 제가 어떻게 해야 하나요?"

현자는 비로소 자리에서 일어나 근처에 있는 강을 향해 걸어갔습니다. 현자는 강 속으로 걸어가며 젊은이에게 자신을 따라오라고 손짓을 했지요. 충분한 수심(水深)에 이르자, 현자는 갑자기 젊은이의 어깨를 잡고 그의 머리를 물속으로 처박았습니다. 젊은이가 발버둥을 쳤지만 현자는 그를 놓아주지 않았습니다. 얼마 정도 시간이 경과된 후에 현자는 젊은이를 물속에서 꺼내 줬습니다. 가

뿐 숨을 몰아쉬고 있는 젊은이에게 현자가 물었습니다.

"이보게 젊은이! 물속에 있었을 때 자네가 가장 바랐던 것이 뭔가?"

젊은이는 주저하지 않고 대답했습니다.

"공기요! 저는 공기를 바랐습니다!"

"부와 쾌락, 권력, 그리고 사랑은? 그런 것들을 갖고 싶다는 생각은 하지 않았나?"

젊은이가 즉각적으로 대답했습니다.

"아뇨! 제가 원했던 것은 오로지 '공기'였습니다! '공기'에 대해서만 생각했습니다!"

현자가 대답했지요.

"자네가 지혜를 얻고 싶다면, 물속에서 공기를 원했던 것만큼 지혜를 갈구해야 한다네. 삶의 다른 목표들을 모두 제쳐 두고서라도 지혜를 얻기 위해 싸워야 하지. 낮과 밤을 가리지 않고 내가 추구하는 유일한 것이 되어야 한다네. 그 정도의 열정으로 지혜를 구한다면, 반드시 지혜를 얻을 수 있을 것이네."

아셨습니까? 지혜를 구하려면 생사도 불고(不顧)하고 수행하여 깨달음을 얻지 않으면 지혜는 얻을 수 없습니다. 그 옛날 석가모니 부처님은 설산(雪山)에 들어가 6년간 죽음도 불사하는 수행을 하셨습니다. 그리고 원불교 소태산 부처님께서도 온몸에 적(癪)이 들고 식음(食飮)도 잊은 대적공(大積功) 끝에 우주의 진리를 대각(大覺)하신 것입니다.

어떻습니까? 대강이라도 지혜 얻는 방법을 터득하셨는지요? 이 지혜를 얻고 우주의 진리를 깨치기 위해서는 보통의 노력을 기울여서는 안 됩니다. 우리 함께 '대적공 대적공 대적공'하여 인생에서 가장 소중한 지혜를 얻어 가면 어떨까요!

무량대복

가만히 세상 사람들을 관찰해 보면 늘 복을 지으며 사는 사람도 있고, 복을 까먹으며 사는 사람들이 있는 것을 봅니다. '복(福)'이라는 것은 고정되어 정해진 실체가 없기에 복을 받을 만한 그릇이 되는 이에게는 하늘이 무량대복(無量大福)을 내려 주시지만, 그릇이 작은 사람에게는 자신의 그릇만큼의 복을 받을 수밖에 없는 것입니다. 그러니까 무량대복을 받으려면 무량한 그릇을 키우지 않으면 세상에 아무리 복이 많다 하더라도 그 복은 한낱 신기루에 지나지 않는 것입니다.

그 그릇을 키운다는 것은 몸과 입과 생각을 잘 다스려 일상 그 자체가 복 짓는 일이 안 되면 불가능한 일이 아닐까요? 그 복을 받으려면 진리께 "진리님, 복을 주세요."라고 기도하는 것이 아닙니다. 부처님은, "복은 짓는 것이지 받는 것이 아니다."라고 했습니다. 받고자 하는 마음은 받으려는 대상에 매달리게 되지만, 짓고자 하는 마음은 내 스스로의 것이라 매달리거나 집착함이 없기 때문에 괴로울 일이 없습니다.

지어 먹는 복은 내가 짓는 밥처럼 내 것이기에 내 마음대로 쓸 수가 있습니다. 그러나 주어지는 복, 얻는 복, 받는 복은 내 것이 아니기에 내 마음대로 할 수가 없는 것이지요. 그러므로 복을 내 것으로 만들고, 무량대복을 사용하고 싶다면 무엇보다도 복 짓는 연습을 잘 하여 능숙하게 복을 다룰 수 있어야 합니다.

그 그릇을 키워 무량대복을 받는 방법을 한번 생각해 봅니다.

첫째, '무상보시(無相布施)'를 하는 것입니다. 보시보다 큰 공덕은 없습니다. 자신이 땀 흘려 번 돈으로 은혜를 베풀고도 베풀었다는 생각이 없는 것입니다. 그 베풂에는 세 가지가 있습니다. 재산이 없으면 몸으로 뛰는 것입니다. 몸도 여의치 않으면 마음으로 상대방이 잘 되라고 빌어 주면 그것도 큰 공덕입니다.

둘째, 집착을 끊고 놓아 버리는 것입니다. '인생은 고해(苦海)'라 했습니다. 그 고통의 원인은 집착 때문이지요. 더 많은 재산을 가지려는 욕심, 더 높은 지위에 오르려는 집착, 더 아름다운 이성을 차지하려는 욕망이 남아 있는 한, 우리는 고통에서 벗어날 수가 없습니다. 집착을 끊고 놓아 버린 만큼 그 고통에서 벗어나는 복을 누리는 것입니다.

셋째, 겸양 이상의 미덕은 없습니다. 오만하지 않고 겸손해야 합니다. 마음에 교만이 가득 차 있으면 아무리 공부를 해도 복은 내리지 않습니다. '오체투지'에서 이마를 땅에 닿게 하는 것은 자신을 낮추어 모든 이를 존중하고 공경하겠다는 의미인 것입니다.

넷째, 관인후덕(寬仁厚德)하게 행동하는 것입니다. 착한 사람은 누가 못 봅니까? 미운 놈에게 떡 하나 더 주는 것입니다. 누가 나에게 도움을 청하면 거절하지 말고 포용하는 것입니다. 너그럽고 부드럽게 덕을 베푸는 것이지요.

다섯째, 원망생활을 감사생활로 돌리는 것입니다. 오직 인욕(忍辱)으로 원한을 멈추는 것입니다. 원한을 원한으로 갚으면 그 원한은 그쳐지지 않습니다. 참고 견디는 사람이 가장 큰 복을 받습니다. 인욕은 어려운 일만 참는 것이 아닙니다. 좋아하고 사랑하는 것을 참는 것도 인욕이지요.

여섯째, 진리를 믿는 신앙생활을 하는 것입니다. 사실적이고 도덕적이며 진리적인 신앙을 하는 것입니다. 신앙을 가질 때에는 열 가지 법을 비교해 보고 제일 마음에 드는 종교에 귀의해야 합니다. 그리고 시대화·대중화·생활화된 종교를 선택하면 바로 그것이 큰 복입니다.

일곱째, 행동으로 실천하는 것입니다. 아는 것이 힘이 아닙니다. 실천하는 것이 힘이지요. 자비가 실천되지 않으면 무자비가 됩니다. 일체중생에게 기쁨을 주는 것이 '자(慈)'요, 일체중생의 고통을 없애 주는 것이 '비(悲)'입니다. 남을 행복하게 하는 것은 남을 위해서가 아니라 바로 나를 위해서인 것입니다. 자비는 실천되었을 때 존재하는 것임을 잊으면 안 됩니다.

여덟째, 얼굴에 웃음꽃을 피우는 것입니다. 웃음꽃에는 천만불의 가치가 있습니다. 그야말로 돈 안 들이고 복을 짓는 방법이지요. 찡그리고 화난 얼굴에 복이 들어오지 않습니다. 화열(和悅)과 인자(仁慈)가 넘치는 모습에 무량대복이 깃드는 것입니다. 그래서 언제나 저는 "하하하하하하하!" 하고 웃고 있지요.

아홉째, 세상을 위해 기도하는 것입니다. 기도는 소망성취의 열쇠입니다. 그러나 기도는 나를 위해서 하는 것이 아닙니다. 이웃과 세상과 일체생령을 위해 기도하는 것입니다. 내 한 몸, 내 한 가정을 뛰어넘는 기도에 영험이 깃듭니다. 나와 내 가족을 위한 기도는 맨 나중에 비는 것이지요.

열째, 조금 손해를 보고 사는 것입니다. 기쁘게 손해를 보는 것입니다. 손해가 손해만은 아닙니다. 그래서 조금은 바보가 되는 것입니다. 그리고 무조건 베푸는 것입니다. 또한 세상을 위해 맨발로 뛰는 것입니다. 결국 손해를 본 만큼 무량대복은 찾아오는 것이니까요.

어떻습니까? 이 열 가지만 실행해도 무량대복이 찾아올 것 같은 예감이 들지 않으시는가요? "구슬이 서 말이라도 꿰어야 보배"입니다. 하늘은 짓지 않은 복을 내리지 않습니다. 그리고 사람은 짓지 않은 죄를 받지 않는 것이지요(天不降不作之福 人不受不作之罪). 그래서 원(願)은 큰 데에 두고, 공(功)은 작은 데에부터 쌓으며, 대우에는 괘념치 말고 오직 공덕 짓기에 힘을 쓰면 큰 공과 큰 대우가 돌아오게 마련이지요. 그러므로 사람이 한세상 살고 갈 때 '의(義)'가 넉넉해야 하며, '덕(德)'이 커야 하고, '원'이 커야 대복이 들어오는 것입니다.

만일 이런 복 짓기를 세상에서 몰라준다 하여도 원망하지 않는 것입니다. 왜냐하면 진리는 공정한지라 쌓은 공이 무공(無功)으로 돌아가지는 않으며, 같은 덕이라도 음덕(陰德)과 무념(無念)의 덕이 최상의 공덕이기 때문입니다. 우리, 복 받는 그릇을 키워 무량대복을 받아 보지 않으시려는지요!

인생의 성공을 위한 지름길

우리는 모두 똑같이 주어진 인생을 살고 있습니다. '인생(人生)'이란 사람이 이 세상에 태어나서 세상을 살아가는 일입니다. 그런데 어느 인생은 금수저를 물고 나와 행복한 인생을 살고, 또 어떤 인생은 흙수저를 물고 태어나 모진 인생을 살아야 할까요?

불가(佛家)에서는 인생을 '고해(苦海)'라고 부릅니다. 고통으로 가득 찬 인간세상을 비유적으로 이르는 말이지요. 서양에는 이런 격언이 있습니다. "눈물 젖은 빵을 먹어보지 않고는 인생을 논하지 말라."가 그것입니다. 우리나라 대입 수험생들은 또 그들대로의 경구가 있다고 합니다. "재수를 안 해 봤으면 인생을 논하지 말고, 삼수를 안 해 봤으면 삶과 죽음을 논하지 말라."는 말입니다.

어쨌든 우리는 한결같이 성공적인 인생을 염원하고 있습니다. 어떤 성공을 지향할 것인가요? 그리고 어떻게 성공을 성취할 것인가요? 아마 이 질문에 대한 답은 철저히 개인의 몫일 것입니다.

어느 학생이 "공부 못해도 인생에서 성공할 수 있나요?"라고 물어 왔습니다.

> 덕산 선생님!
>
> 저는 고3 남학생입니다. 어떤 분들은 고3이 되었다고 하면 "공부를 열심히 해야겠구나.", "무슨 과를 가고 싶니?" 등등 맨날 '공부' 아니면 '대학'에 대해서만 말씀을 하십니다. 하지만 전 알고 있어요. 제가 대학에 가기 힘들다는 것을요. 저는 공부를 못하거든요. 하고 싶지도 않고요. 해 봤자 되지도 않는 걸 하고 싶은 마음이 들겠어요?
>
> 그런데 요즘엔 '내 인생이 이렇게 끝나나?' 하는 생각이 듭니다. 사람들은 대학을 꼭 나와야만 인생에서 성공할 수 있다고 하는데, 그러면 전 벌써 실패한 인생이잖아요. 정말 좌절감에 빠져 살아갑니다. 어쩔 땐 살기도 싫어요. 정말 제게는 희망이 없는 걸까요?

학생은 '성적'이라는 하나의 잣대로 평가받으면서 많이 좌절하신 것 같습니다. 그런데 어느 누가 학창시절에 공부를 하고 싶은 사람이 있었겠습니까? 저 역시 맨날 공부가 싫어 오전 시간이 끝나면 담장을 뛰어넘어 극장이나 남산공원으로 도망 나와 도시락을 까먹으며 학창시절을 보냈습니다. 그러니 거의가 진급으로 낙제만 겨우 면하는 문제 학생이었습니다.

그러나 희망이 없지 않았습니다. 저 같은 사람도 사회에 나와 모진 고생 끝에 일가를 이루고 안빈낙도(安貧樂道)를 합니다. 그리고 많은 분들의 존경을 한 몸에 받으며 성공적인 삶을 살고 있습니다.

결코 포기하지 마세요. 인생에서 성공이라고 하는 것은 사람들이 이야기하는 대학을 나와서 안정된 직장에 취직하는 것만으로 한정할 수 없습니다. 왜냐하면 성공하고자 하는 것은 결국 행복하고자 하는 것인데, 행복은 자기 스스로 평가할 수 있는 것이기 때문입니다. 꼭 잘 먹고 잘 살며 부자가 되는 것만이 성공은 아니라는 얘기입니다. 꼭 대학을 나오지 않아도 자신의 잠재력을 찾아서 그것을 발휘하며 열심히 살아간다면 그것이 인생의 성공이라 할 수 있지 않을까요?

그리고 자신의 잠재력을 찾아서 키워 나가다 보면 대학에 들어갈 수도 있을 것입니다. 우선 중요한 것은 '성적'에서 벗어나 학생이 가지고 있는 귀한 '잠재력'을 찾아 그것을 키워 나가는 일일 것입니다. 누구에게나 독특한 잠재력이 있습니다. 절대 포기하지 말고 잠재력을 찾고 개발시켜 나가시기 바랍니다.

한 조사 결과에 의하면, 평균적으로 한 반에서 대학에 갈 수 있는 인원은 30%밖에 되지 않는다고 합니다. 정말 대학에 가야 인생에서 성공할 수 있다면, 학생이 말한 대로 70%는 이미 실패한 인생이 되는 것이 아닐까요? 그러나 하나의 목표를 향해 공부와 사업에 '긍정적이고, 적극적이며, 정열적으로 뛰면' 아마 어느 순간 학생이 성공했다는 사실을 알게 될 것입니다.

답변이 되었는지 모르겠네요! 부디 정진하시기 바랍니다.

그 잠재력을 찾아 그 능력을 발휘하는 방법이 있습니다.

첫째, '절제(節制)'를 하는 것입니다. 쾌락이나 눈과 마음을 빼앗는 각종 유혹에 빠지지 않는 것입니다. 그 유혹은 나쁜 습관 때문입니다. 그것을 우리는 '업(業)'이라고 합니다. 나쁜 업 짓지 말고 좋은 업에 물들라는 것입니다. 그걸 우리는 '작업취사(作業取捨)'라고 하지요.

둘째, 마음의 평정을 잃지 않는 것입니다. 마음의 평정을 잃지 않으려면 우리의 정신이 철석(鐵石) 같이 견고해야 합니다. 그래야 모든 경계가 찾아올 때 마음을 대범하게 가질 수 있습니다. 그걸 우리는 '정신수양'이라고 하는 것입니다.

셋째, 끊임없이 공부를 하는 것입니다. 공부를 하면 지견(知見)이 넓어지고 지혜를 얻을 수 있습니다. 세상사 삿된 일에 빠지지 않고 언제나 정도를 걸을 수 있습니다. 그걸 우리는 '사리연구(事理硏究)'라 하는 것입니다.

넷째, 극단적인 말과 행동을 피하는 것입니다. 한쪽에 치우치는 것은 도(道)가 아닙니다. '중도(中道)'가 도입니다. 언제나 너그럽고 부드럽게 덕을 펴는 것입니다. 극단적인 것은 남에게 상처를 주기 때문에 조심할 일입니다.

다섯째, 인생의 스승을 찾는 것입니다. 자신이 본받을 만한 인물을 스승으로 정하고, 스승님을 본받으려고 노력하는 것입니다. 무슨 일이 있어도 스승님의 엄교중책(嚴敎重責)을 달게 받으며 받드는 것입니다.

여섯째, 한 번 결심한 것은 반드시 지키는 것입니다. 지성(至誠)이면 감천(感天)이고, 지성이 곧 부처입니다. 정성은 처음부터 끝까지 한결같은 것입니다. 그걸 우리는 '지성여불(至誠如佛)'이라고 합니다.

어떻습니까? 인생에 지름길은 없습니다. 이 여섯 가지 덕목만 잘 실천하면 우리 인생에 성공의 무지개가 뜨지 않을까요? 마음에 발원(發願)이 없고 향상코자 노력함이 없는 사람은 곧 살았으되 죽은 사람이나 마찬가지입니다. 그래서 성공은, 결심은 특이하게 하고 처신은 평범하게 하는 것입니다. 이렇게 꾸준히 노력하는 것이 인생의 성공을 위한 지름길이 아닐는지요!

마음을 깨치는 방법

'마음'이 무엇일까요? 마음을 깨치는 일이 쉽지 않습니다. 그냥 관념적으로 알아서는 그 마음의 깊고 오묘한 진리를 깨칠 수 없거든요. 우리 〈덕화만발〉 카페에 '청니(靑泥) 김병래 시인'이 계십니다. 오랜 동안 KBS 아나운서로 활동하시다가 지금은 은퇴하시어 부산에서 유유자적하고 계시는 분이시지요. 그분이 이런 질문을 해 오셨습니다.

덕산님!

'마음을 깨친다는 것' 참으로 어렵다는 생각입니다. 언제 시간이 나시면 마음을 깨우치는 방법에 대해서 아주 쉽게 소상히 알려 주셨으면 고맙겠다는 생각이 들었습니다. 마음을 깨우치며 산다는 그 깊이를 나름대로 심사숙고를 해 보고 실행하고자 합니다. 오늘도 좋은 말씀 고맙습니다.

'마음 깨치는 방법'을 어디서부터 알아봐야 할까요? 우선 마음이 무엇인가를 알아야 할 텐데, 먼저 부처님의 말씀부터 더듬어 보면 좋겠습니다. 『보적경 가섭품(寶積經 迦葉品)』에 '마음이란 무엇인가?'에 대해 나옵니다.

부처님께서 마하가섭 존자에게 말씀하셨다.

애욕에 물들고 분노에 떨고 어리석음으로 아득하게 되는 것은 어떤 마음인가? 과거인가, 미래인가, 현재인가? 만약 과거의 마음이라면 이미 사라진 것이고, 미래의 마음이라면 아직 오지 않은 것이며, 현재의 마음이라면 머무르는 일이 없다.

마음은 안에 있는 것도 아니고, 밖에 있는 것도 아니며, 또한 다른 곳에 있는 것도 아니다. 마음은 형체가 없어 눈으로 볼 수도 없고, 만질 수도 없고, 나타나지도 않고, 인식할 수 없고, 이름 붙일 수도 없는 것이다. 마음은 어떠한 여래(如來)도 일찍이 본 일이 없고, 지금도 보지 못하고, 장차도 볼 수 없을 것이다.

그와 같은 마음의 작용은 어떠할까? 마음은 환상과 같아 허망한 분별에 의해 여러 가지 형태로 나타난다. 마음은 바람과 같아 멀리 가고, 붙잡히지 않으며, 모양을 보이지 않는다. 마음은 흐르는 강물과 같아 멈추는 일 없이 지나간다. 마음은 등불의 불꽃과 같아 인(因)이 있어 연(緣)이

닿으면 불이 붙어 비춘다. ㅡ 하략(下略)

어떻습니까? 부처님의 말씀은 한 점 한 획이 다 진리의 말씀입니다. 이보다 더 마음을 잘 설명한 것은 없다고 생각합니다. '꿀단지의 꿀은 갓이나 안이나 그 맛이 한결같이 단것'과 마찬가지지요. 다만 지면이 허락지 않아 다 소개하지 못하는 것이 아쉽네요.

발심(發心)에서 마음공부가 시작됩니다. 좋은 발심을 내는 사람은 좋은 에너지를 가지고 오며, 좋은 결과를 가져올 수 있습니다. 나쁜 발심은 나쁜 결과를 가져옵니다. 그러므로 어떠한 바른 발심을 가졌느냐에 따라서 우리의 마음도 디자인됨을 알 수 있는 것입니다. 그것이 마음공부입니다. 그리고 마음공부 하는 법이 원불교의 '교법(教法)'이고, 그 방법을 가르치는 곳이 원불교의 '교당(教堂)'이라 해도 과언은 아닙니다.

그럼 그 마음공부 깨치는 방법은 어떻게 하면 알 수 있을까요? 그걸 우리는 '삼학공부(三學工夫)'라고 합니다. 그 '삼학'은 정신수양, 사리연구, 작업취사입니다. '일원상(一圓相)의 진리'를 깨쳐서 일원의 위력을 얻고 일원의 체성(體性)에 합하는 수행 방법이며, 행복과 자유를 얻게 하는 공부법이지요. 즉, 삼학공부는 일원상의 진리를 깨치고 실천하고 체험하는 길이며, 자기의 마음을 자기 마음대로 사용하는 공부법입니다. 그리고 삼학공부를 해갈 때는 믿음과 분발심과 의문, 정성의 네 가지로 추진력을 얻어야 하고, 삼학의 어느 한편에 치우치지 않고 동시에 아울러 닦아나가는 것이 아주 중요합니다.

원불교의 가장 큰 공부법은 마음공부입니다. 자기 마음을 자기 마음대로 부리지 못하는 것이 사람으로서 가장 답답한 일이지요. 자기 마음을 자기 마음대로 부릴 수 있다면 이보다 더 큰 행복은 없을 것입니다. 이것이 마음공부를 하고자 하는 우리들의 염원이지요.

이 '삼학공부'가 우리의 마음을 깨치는 방법입니다. 이 마음을 깨친 힘을 우리는 '삼대력(三大力)'이라 하고, 삼대력이 최고의 경지에 오르신 분을 '부처'라 하는 것입니다.

대장부의 길

"평상심이 도"라는 말이 있습니다. 이 말은 옛날 한 승려가 마조도일선사(馬祖道一禪師 : 709~788)에게 "어떤 것이 도인가?"를 물었을 때 "평상심시도(平常心是道)"라고 한 데서 유래합니다.

세상 사람은 '도'라고 하면 특별한 것, 또는 보통사람이 생각할 수 없는 기특한 것이라고 생각하지요. 그러나 '도'란 바로 범부(凡夫)가 일상생활 하는 그 마음을 여의고 따로 있는 것이 아닙니다. 마음에 번뇌가 없고, 일상생활의 하나하나에 몰두할 수 있는 마음이 바로 '도'라는 말씀이지요. 결국 '평상심시도'는 도의 궁극적인 경지와 수행의 과정을 이 평상심에 두고 있는 것이라 말하는 것입니다.

불교에서 말하는 중도(中道)의 가장 기본적인 형태는 있음〔有〕과 없음〔無〕, 생함〔生〕과 멸함〔滅〕 등 상대적인 어떤 두 극단에 집착하지 않는 것을 말합니다. 어느 한편으로 치우친 상대적인 견해를 말하는 두 변〔兩邊〕은 선악(善惡), 유무(有無) 등 여러 가지가 있습니다. 그중에 '고(苦)'와 '낙(樂)'도 있지요.

많은 수행자들이 세간의 향락을 버릴 줄만 알고 있습니다. 그러나 고행하는 괴로움도 병입니다. 그걸 버리지 못하면 해탈을 얻지 못합니다. 참으로 해탈을 하려면 '고(苦)'와 '낙(樂)'을 다 버려야 한다는 것이지요. 그렇게 해서 깨달은 것, 그것이 '중도'인 것입니다.

중생이라는 존재는 참으로 바로 깨쳐서 해탈을 얻기 전에는 무엇을 대하든지 그것은 '고(苦)'가 아니면 '낙(樂)'이고, '낙(樂)'이 아니면 '고(苦)'라서 항상 양변에 머물러 있게 됩니다. 그러니까 양극단에 집착하지도 않고 중간에도 집착하지 않는 것, 이것이 '중도'인 것입니다.

이렇게 두 극단에도 집착하지 않고, 가운데에도 집착하지 않는 것, 이것이 바로 격식을 벗어난 대장부(大丈夫)의 행동이라는 것입니다. 대장부는 비록 궁한 집에서 살며 형편없는 음식이나마 끼니를 잇지 못한다 하더라도 늘 남에게 베풀기를 좋아하고, 궁핍함을 구제하고자 하는 마음을 가져야 합니다. 대장부는 이렇게 세상을 평상심으로 살아가는 것입니다.

세상을 살아가노라면 오늘은 슬퍼도 내일은 기쁨이 찾아올 수도 있습니다. 오늘은 화가 치솟더라도 내일은 기쁜 일이 생겨 크게 웃을지도 모릅니다. 오늘이 인생의 마지막인 것처럼 허무해도 내일은 희망의 날개를 활짝 펼 수도 있습니다. 오늘은 우리 주머니가 비록 빈털터리라 하더라도 내일은 가득 찰지도 모르는 것이 우리네 인생인 것입니다.

오늘은 비록 나를 찾아주는 이가 없어도 덕을 베풀면 내일은 날 찾아주는 사람들로 넘칠 수도 있습니다. 우리들이 하는 일에 비방을 하는 사람들도 있을 수 있습니다. 그러나 우리의 하는 일이 옳고 바른 일이라면 언젠가는 세상에 우뚝 설 수 있을 것입니다.

혹 믿었던 사람이 어느 순간 등을 돌리고 떠날 수도 있습니다. 그러나 아무것도 아닌 것처럼 그를 이해하고 용서하면 우리는 마음 편하게 살아갈 수 있습니다. 누가 도움을 요청하면 야박하게 거절하면 안 됩니다. 왜냐하면 우리도 언제 도움을 청할지도 모르기 때문입니다. 이렇게 우리는 평상심으로 살아가면 바로 그것이 대장부의 마음인 것이지요.

맹자가 주장한 대장부의 다섯 가지 조건이 있습니다.

첫째, '부동심(不動心)'입니다. 대장부는 유혹 앞에서 타협하지 않습니다. 공자는 나이 40에 '부동심'이 되었다고 선언하십니다. 그 어떠한 풍파와 유혹에도 흔들리지 않는 부동의 마음을 갖는 것입니다.

둘째, '선의후리(先義後利)'입니다. 이익에 앞서서 '옳음'을 먼저 생각하는 것입니다. 실리가 우선인가, 인간으로서의 의리가 우선인가에 대해 맹자는 단연코 "의(義)를 행하면 이(利)는 따라오게 되어 있다."고 주장했습니다.

셋째, '호연지기(浩然之氣)'입니다. '호연지기'란, 지극히 크고 강한 기운을 말합니다. 그래서 맹자는 "잘못 기르면 해악을 미칠 수 있으니 굽은 마음이 아닌 곧음으로만 길러야 한다."고 하셨습니다.

넷째, '여민동락(與民同樂)'입니다. 대장부는 좋은 것을 더불어 즐깁니다. 대장부는 좋은 것이 있으면 나 혼자 즐기지 아니하고, 나를 따르는 조직원들과 함께 즐기라는 의미입니다.

다섯째, '불인지심(不忍之心)'입니다. 차마 두고 보지 못하는 선한 마음을 말합니다. 상대방의 입장에서 그 마음을 헤아리는 마음에는 '인(仁), 의(義), 예(禮), 지(智)'가 있습니다. 이 네 가지를 닦으면 대장부가 될 수 있는 것입니다.

맹자는 대장부의 자격에 대해 이렇게 말했습니다.

> 천하의 넓은 곳에 거하고, 바른 자리에 서며, 큰 도를 행한다. 뜻을 얻으면 사람들과 함께하고, 얻지 못하면 홀로 그 도를 행하리라. 부귀를 가졌어도 부패하지 않고, 가난하고 힘들어도 포부를 버리지 않고, 권위와 무력에 굴복하지 않는다. 이런 사람이라야 대장부라 부를 만하다.

대장부에 관해 맹자가 추구했던 것은 '인의예지(仁義禮智)'입니다. 사람으로서 갖추어야 할 덕목을 위해 자신을 가다듬는 자세를 말하고 있는 것이지요. 천하의 넓은 곳, 바른 자리에 선다는 것은 자신의 처신을 바르게 하는 것입니다. 이익이나 욕심만을 위해 옳지 못한 곳에 있거나 바르지 못한 행실을 하지 않고 큰 도에 따라 행하는 것이지요.

대장부는 성공만을 추구하는 것이 아닙니다. 더불어 사는 세상을 만들기 위해 노력하고, 비록 성공을 얻지 못하더라도 흔들리지 않는 꿋꿋한 삶을 살겠다고 다짐하는 것이 대장부 아닌가요? 어떠한 상황에서도 유혹이나 위력에 굴복하지 않는 자세, 대장부로서 취해야 할 구체적인 실천 덕목이 대장부의 길입니다.

마음을 깨치면 모든 욕망과 생사를 초월하는 대장부가 되는 것입니다. 그리고 대자유인이 되며, 대자대비와 큰 지혜를 원만하게 갖추어 뭇 중생을 제도하는 사람, 그가 곧 진정한 대장부가 아닐까요?